Erläuterungen und Dokumente

Johann Wolfgang Goethe
Die Leiden des jungen Werthers

HERAUSGEGEBEN VON
KURT ROTHMANN

PHILIPP RECLAM JUN. STUTTGART

Goethes »Leiden des jungen Werthers« liegt unter Nr. 67 [2] in Reclams Universal-Bibliothek vor. Auf diese Ausgabe beziehen sich die Seiten- und Zeilenangaben und die Seitenverweise in Klammern

Der Kommentar ist der umfangreichen Goethe-Literatur verpflichtet, oft gleichzeitig auch Nachschlagewerken wie dem Deutschen Wörterbuch (Dt. Wb.) von Grimm, Meyers Konversationslexikon, Brockhaus usw., so daß es schwer gewesen wäre, alle Quellen jedesmal zu nennen. Für ihre Hilfe bei der Auswahl und Beschaffung des Bildmaterials dankt der Verfasser Frau Dr. Pfeiffer vom Lottehaus in Wetzlar

Universal-Bibliothek Nr. 8113 [2]

Gesetzt in Petit Garamond-Antiqua. Printed in Germany 1976
Herstellung: Reclam Stuttgart
ISBN 3-15-008113-0

I. Wort- und Sacherklärungen

Die Leiden des jungen Werthers: So lautet der Titel der Erstausgabe, die im Jahre 1774 vom Verleger Weygand in Leipzig veranstaltet wurde. Zum fünfzigjährigen Jubiläum des Erstdruckes gab derselbe Verlag eine von Goethe sorgfältig betreute Ausgabe heraus, deren Titel auf die Genetivendung des Namens verzichtet. Die schwache Flexion »des jungen Werther« entspricht dem späteren Sprachgebrauch des Dichters und wurde daher für die Fassung von 1787 von der Weimarer Ausgabe übernommen.

Was ich von der Geschichte ...: Vor allem die Mitteilungen am Ende des Romans verlangen eine andere Quelle als Briefe und Tagebucheinträge des Helden; daher die Herausgeberfiktion, die zugleich dem Dichter erlaubt, aus distanzierter Position zwischen Stoff und Leser zu vermitteln. Vgl. den Entwurf zu diesem Vorwort, Kap. II, 1.

4. Mai 1771

5,3 *Bester Freund:* Der Name des Empfängers, Wilhelm, wird erst im Brief vom 22. 5. 71 genannt (S. 12). Die späteren Anreden: *mein Schatz* im Brief vom 27. 5. 71 (S. 17); *Bester* 8. 8. 71 (S. 48 f.); *Bruder* 18. 8. 71 (S. 59); *mein Geliebter* 4. 9. 72 (S. 92); *mein Teuerster* 20. 12. 72 (S. 119) spiegeln die Innigkeit des empfindsamen Freundschaftsverhältnisses im 18. Jh.

5,4 *das Herz des Menschen:* Werther, der Empfindsame, reagiert auf jedes Erlebnis mit seinem Herzen; daher die außerordentliche Häufigkeit des Wortes. Vgl. insbesondere *Auch halte ich mein Herzchen wie ein krankes Kind* 13. 5. 71 (S. 9) und *dies Herz, das doch mein einziger Stolz ist* 9. 5. 72 (S. 86).

5,9 *Leonore:* eine Person aus Werthers früherer Bekanntschaft, die später nicht wieder erwähnt wird. Goethe selbst hatte in Straßburg eifersüchtige Liebe seitens der Töchter (Emilie und Lucinde) seines Tanzlehrers erfahren. Vgl. »Dichtung und Wahrheit«, 2. Teil, 9. Buch.

5,10 f. *die eigensinnigen Reize:* reizende Eigenwilligkeit, Launenhaftigkeit.

5,17 *ergetzt:* ältere Form für ›ergötzt‹. Goethe verwandte beide Formen nebeneinander.

5,24 *der Schmerzen wären minder:* Es wären weniger Schmerzen. Der Genetiv, insbes. der genitivus partitivus, wurde im 18. Jh. häufiger benutzt als heute. Vgl. *es mögen mich ihrer so viele; eine recht gute Art Volks* 17. 5. 71 (S. 10).

5,31 *eh'stens:* nächstens; vgl. *eh'ster Tage* 17. 5. 71 (S. 11).

6,1 *meine Tante:* Goethes Großtante, die Hofrätin Lange, wohnte in Wetzlar.

6,2–4 *das böse Weib ... eine muntere heftige Frau:* ›Weib‹ wurde bis ins 18. Jh. ohne abwertende Bedeutung als Gattungsname im Gegensatz zu ›Mann‹ gebraucht. Vgl. *ein ehrliches altes Weib* 9. 5. 72 (S. 85); *mein gutes Weib* 4. 8. 72 (S. 88); *meine Weibchen* 26. 10. 72 (S. 98) usw. Der Gegensatz ›Weib‹ – ›Frau‹ an dieser Stelle zeigt allerdings schon die sich anbahnende Abwertung; vgl. *die Weiber am Ende des Saals* 15. 3. 72 (S. 79).

6,17 *Balsam:* aromatische Harze des Balsambaumes (commiphora opobalsamum), mit ätherischen Ölen zu Parfüm und Heilsalben gemischt. Vgl. *Lebensbalsam* (S. 138).

6,19 f. *schauderndes Herz:* Wie die Fähigkeit zu weinen, schätzte man zu Werthers Zeit auch die Fähigkeit, Schauer oder Schauder zu empfinden. Weil über Stutzen, Schaudern, Innewerden ein Weg zur Erkenntnis führt, heißt es noch im »Faust« II: »Das Schaudern ist der Menschheit bestes Teil« (I. Akt, Finstere Galerie, V. 6272). Erst die oberflächlichen Übertreibungen in Schauerromantik und Schauerroman brachten diese menschliche Regung, der sich Werther oft hingibt, in Verruf.

6,26 *Grafen von M . . .:* Der Kammergerichtsprokurator Meckel besaß vor Wetzlars Wildbacher Tor am Hang des Lahnberges einen parkartigen Garten und ein Haus, das die Meckelsburg genannt wurde.

6,30 f. *wissenschaftlicher Gärtner:* Im 18. Jh. wurde der französische Stil der Gartenbaukunst allmählich durch den englischen Stil abgelöst. Statt geometrisch angelegter Gärten mit streng verschnittenen Bäumen schätzte man immer mehr den die Natur idealisierenden, malerischen Garten, dem man die Bearbeitung nicht ansah, weil diese der Anlage keine Regelmäßigkeit aufzwang. Vgl. Werthers Polemik gegen die Regeln in der Kunst und gegen *das garstige wissenschaftliche Wesen* 11. 6. 72 (S. 87).

6,32 *seiner selbst ... genießen:* ›genießen‹ wurde bis ins 18. Jh. mit dem Genetiv gebraucht.

6,34 *Kabinettchen:* aus frz. cabinet, ein kleiner geschlossener Raum. Vgl. dasselbe im Brief vom 10. 9. 71 (S. 65) und das Kabinett, in das Lotte sich bei der letzten Begegnung mit Werther einschließt (S. 136), ein kleines Nebenzimmer.

10. Mai

7,10 *Kunst:* Man sprach allgemein von den schönen Künsten; der Singular bezeichnete oft nur die bildende Kunst; so im Brief vom 10. 9. 71 (S. 64).

7,13–35 *Wenn das liebe Tal um mich dampft ...:* Dampfenden Tälern hat Goethe stets besondere Aufmerksamkeit geschenkt. Am 23. Juli 1776 schrieb er aus dem Thüringer Wald an Frau von Stein: »Hoch auf einem weit rings sehenden Berge ... die Täler dampfen alle an den Fichtenwänden herauf. (NB. das hab ich dir gezeichnet)«. Der uns erhaltenen Tuschezeichnung dampfender Täler bei Ilmenau (s. »Goethes Leben und Werk in Daten und Bildern«, Frankfurt a. M. 1966, Nr. 205) ging dieses großartige sprachliche Gemälde im »Werther« voraus. Vgl. dazu die Interpretation von Karl Philipp Moritz, »Über ein Gemälde von Goethe«, in der »Deutschen Monatsschrift«, 1792, 1. S. 243, abgedruckt bei H. Blumenthal, »Zeitgenössische Rezensionen und Urteile über Goethes ›Götz‹ und ›Werther‹«, Berlin 1935, S. 122–127. – Zum besseren Verständnis des religiösen Naturgefühls vgl. Werthers Brief vom 18. 8. 71 (S. 58 f.) und vor allem Goethes Gedicht »Ganymed« (1774) mit den wörtlichen Anklängen. – Diese Stelle ist außerdem der syntaktischen Form wegen beachtenswert. Sie ist ein Beispiel der typischen ›Wertherperiode‹. (Vgl. Hans Georg Heun, »Der Satzbau in der Prosa des jungen Goethe«, Leipzig 1930, S. 89 f.) Herder rügte diese dem klassischen Latein entlehnte Periode als Predigtstil; er schrieb in seinen Fragmenten »Über die neuere Deutsche Litteratur«, Riga 1767, dritte Sammlung, III, 6: »Wie oft hört man einen Gedanken nach diesem Zuschnitt: ›Wenn wir um uns umherschauen – wenn wir – wenn wir – weil es – – so werden wir gewahr, daß die Menschen Sünder sind:‹ dies ist die gewöhnliche Homiletische Schlachtordnung, die Bindewörter und Beiwörter und Hülfswörter und Synonymen und Periodische Theile in Überfluß hat, um den Mangel an Gedanken zu verbergen; die das Ohr übertäubet, um nicht die Leere des Verstandes zu zeigen; dies ist der fließende Vortrag, der vor dem Essen heilsamen Appetit, und nach dem Essen einen sanften Schlaf machet« (SW 1, 1877, S. 507). – Durch Klopstocks Oden stand diese Periodenbildung jedoch in gutem Ansehen.

7,19 *merkwürdig:* in der Bedeutung ›bemerkenswert‹, ›beachtenswert‹, so auch im Brief vom 9. 5. 72 (S. 85).

7,19 f. *das Wimmeln der kleinen Welt:* Der Mikrokosmos wurde wie sein Gegenstück, der Makrokosmos, die Sternenwelt, als Ausdruck und Beweis göttlich geordneten Seins genommen. Vgl. *eine kleine Welt* 18. 8. 71 (S. 60).

7,31 f. *daß es würde der Spiegel deiner Seele, wie deine Seele ist der Spiegel:* rhythmisch bedingte Wortstellung, die wegen ihres unmittelbaren Gefühlsausdrucks in Werthers Sprachgebrauch über der grammatisch-logischen Form rangiert. Vgl. Werthers Streit mit dem Gesandten um die *Inversionen* 24. 12. 71 (S. 71).

12. Mai

8,6 *Brunnen:* der Brunnen in der Steingrotte vor dem Wildbacher Tor bei Wetzlar. Vgl. die Szenen in den Briefen vom 15. 5. 71 (S. 9) und 6. 7. 71 (S. 39).

8,7 *Melusine:* ein Wassergeist. Nach der frz. Sage aus dem 14. Jh. ist Melusine eine Meernixe, halb Weib, halb Fisch. Sie heiratet Graf Raimund von Poitiers und verläßt ihn wieder, nachdem er sie in ihrer Doppelgestalt im Bade überraschte. Im deutschen Volksbuch von 1474 ist Melusine mit ihrer Schwester an den Durstbrunnen gebannt. Goethes Anspielung ist frei, freier noch »Die neue Melusine« in »Wilhelm Meisters Wanderjahre«, 3. Buch, Kap. 6.

8,13 *Anzügliches:* Anziehendes, vgl. 17. 5. 71 (S. 10).

8,19 *die patriarchalische Idee:* Der Patriarch (griech. πατριάρχης, ›Erzvater‹) regiert als Familien- oder Stammes-

*Goethebrunnen zu Wetzlar (Wildbacher Brunnen).
Nach einer Zeichnung von Carl Stuhl (1808–77).*

oberhaupt fürsorglich über seine Untertanen und Gesinde.

8,20 f. *wie sie alle, die Altväter, am Brunnen Bekanntschaft machen und freien:* Altväter waren zuerst die biblischen Patriarchen, die altehrwürdigen Väter, später die altehrwürdigen Leute überhaupt. – Hier liegt eine Anspielung auf 1. Mose 24, 13 f. vor: »Siehe, ich stehe hier bei dem Wasserbrunnen, und die Töchter der Leute in dieser Stadt werden herauskommen, um Wasser zu schöpfen. Wenn nun ein Mädchen kommt, zu dem ich spreche: Neige deinen Krug und laß mich trinken, und es sprechen wird: Trinke, ich will deine Kamele auch tränken – das sei die, die du deinem Diener Isaak beschert hast.« Vgl. auch 1. Mose 29, 1 f.

13. Mai

8,32 *Homer:* griech. Dichter, der am Ende des 8. Jh.s v. Chr. lebte. Goethe fand »Homers Beschreibung der Eroberung des Trojanischen Reiches« zuerst in der »Neuen Sammlung der merkwürdigsten Reisegeschichten« bei seinem Onkel, dem Pfarrer Starck. Nach einer Bemerkung Kestners las Goethe später in Wetzlar mehr in den Werken Homers, als er sich seiner juristischen Tätigkeit widmete. – Werther liest hauptsächlich im ersten Teil des Romans, vorzüglich die idyllisch-lyrischen Stellen der »Odyssee«, die ihm das Unreflektierte, volkstümlich Einfache, eben die obenerwähnte patriarchalische Idee vermitteln.

8,34 *unstet:* ohne Geduld und Beharrungsvermögen; vgl. ›unstätten‹ in der Anm. des ›Herausgebers‹ zum Brief vom 16. 6. 71 (S. 23).

9,3 *von süßer Melancholie:* Schwermut, Trübsinn, war um die Entstehungszeit des »Werther« eine (literarische) Modestimmung. Vgl. »Dichtung und Wahrheit«, 3. Teil, 13. Buch. – Das Wort Melancholie kommt aus dem Griechischen und bedeutet ›schwarze Galle‹, Schwarzgalligkeit des Blutes infolge verbrannter Galle. – Die Natur- und Heillehre des Mittelalters führt Wesen und Gemüt des Menschen auf die Säfte in seinem Körper zurück. Ein Kräuterbüchlein des 14. Jh.s belehrt über die Temperamente: »von den viern [Elementen] habent ir natur alle geschepht gots und der mensch hat aller der natur iegleichs ain teil an ime, ettliches mer ettleichs minner. wan er aller vier an im hat so haist er microcosmus dz ist in däutsch die minner welt. die natur haizzent also: die erst haizzet colera. die ist haiz und truken. die ander sangwis, die ist haiz und fäucht, die dritt flegma, die ist fäucht und kalt, die vierd melancolia, die ist kalt und truken. von disen vier naturen ist geschaffen alles dz in der welt ist« (Dt. Wb. VI, Sp. 1989). – Über die Melancholie heißt es in der Mainauer Naturlehre 1: »Galiênus [um 131–201 n. Chr.] spricht, daz melancholia ir sideln hab in dem milz, und wenn diu melancoli ain oberhant nimpt und sich zeucht zuo dem haupt, sô kümpt dem menschen sweigen und betrahten, und swærikeit, wainen und trâkheit, vorht und sorg und klainmüetichait. [...] diu melancoli macht die läut tœrocht, alsô daz manig mensch sich selber ertœtt« (Dt. Wb. VI, Sp. 1988 f.). – Auf solche Theorien bezieht sich auch Shakespeare gelegentlich, dessen bekanntester Melancholiker, Hamlet, in Wielands Übersetzung von 1766 die Herzen tiefsinniger Zeitgenossen eroberte. Vgl. Anm. zu 33,5 *guten Humor.*

15. Mai

9,15–17 *Leute von einigem Stande ... Volke halten:* Im 18. Jh., zumal vor der Französischen Revolution, wurde im gesellschaftlichen Verkehr noch streng zwischen Leuten von Rang und Stand und dem gemeinen, dem einfachen Volk unterschieden. Werther mit seiner Vorliebe für das Patriarchalisch-Volkstümliche nimmt daran Anstoß und setzt sich über diese Konvention hinweg. Folge davon ist, daß einerseits die einfachen Leute besorgt sind, *sie möchten den Herrn inkommodieren* 27. 5. 71 (S. 17), und andererseits die adlige Tischgesellschaft des Grafen von C ... Werther deutlich aus ihrem Kreis verweist; s. den Brief vom 15. 3. 72 (S. 78 ff.).

9,19 *Flüchtlinge:* flüchtige, oberflächliche Menschen.

9,21 *empfindlicher zu machen:* empfinden zu lassen.

9,23 *ich halte dafür:* ich bin der Meinung.

9,24 *Pöbel:* von lat. populus, das gemeine, das niedrige Volk.

9,28 *Brunnen:* der am 12. 5. 71 beschriebene.

9,28 f. *ein junges Dienstmädchen, das ihr Gefäß ...:* In dem Pronomen ›ihr‹ statt ›sein‹ rangiert das natürliche Geschlecht vor dem grammatischen. So schreibt Werther auch *ein Weib, ... die* 24. 12. 71 (S. 72); *meine Fräulein B ...* 15. 3. 72 (S. 79) und *die Fräulein B ...* statt ›das‹ 16. 3. 72 (S. 81).

9,33 *Jungfer:* verkürzt aus Jungfrau; Dienerin im Range über der einfachen Magd und zugleich Anrede bürgerlicher unverheirateter Frauen. Der Titel ›Fräulein‹ war dem Adel vorbehalten. Vgl. *Jungfer Pfarrerin,* die Tochter des Pfarrers von St ..., 1. 7. 71 (S. 35) und *Fräulein von B ...* 24. 12. 71 (S. 73).

10,1 *Kringen:* ringförmiges, meist mit Pferdehaaren ausgestopftes Polster, das sich die Frauen auf den Kopf legten, wenn sie Lasten auf dem Kopf trugen.

17. Mai

10,20 *artig:* Modewort des 18. Jh.s in vielseitiger Verwendung; hier soviel wie ›hübsch, nett‹; vgl. *wie artig jeder Bürger ... sein Gärtchen zum Paradiese zuzustutzen weiß* 22. 5. 71 (S. 13); in der Bedeutung von ›zierlich‹: *Ein Kanarienvogel ... pickt so artig* 12. 9. 72 (S. 93); in der Bedeutung von ›angemessen‹: *ein Amt mit einem artigen Auskommen* 10. 8. 71 (S. 50); in der Bedeutung ›galant‹: *bin ich sehr artig ... die Frauenzimmer sagen, es wüßte niemand so fein zu loben als ich* 20. 1. 72 (S. 75) und: *daß ich mit Friederiken zu artig getan* 1. 7. 71 (S. 35).

10,29 *Freundin meiner Jugend:* dieselbe, deren Werther vor seinem Ende gedenkt (S. 137). Freundschaften, in denen Heranwachsende Weisheit und Lebenshilfe bei gereiften Menschen suchten, waren im 18. Jh. nicht selten. Goethe selbst hat in seiner Jugend (1768–70) Rat und nachhaltigen Eindruck von einer älteren Freundin, der pietistischen Stiftsdame Susanne von Klettenberg, empfangen. Diesem Erlebnis entsprechend sind die auf die Erziehung der Herzen wirkenden Figuren in Goethes Romanen Frauen wie z. B. die Schöne Seele in »Wilhelm Meisters Lehrjahren« und Makarie in den »Wanderjahren«. Goethe berichtete am 21. April 1773 an Kestner den »Todt einer teuer geliebten Freundinn«, nämlich Henriettes von Roussillon, die am 18. April gestorben war. Vgl. Erich Schmidt, »Richardson, Rousseau und Goethe«, S. 281 ff.

11,6 *Witze:* von ›wissen‹, hier in der urspr. Bedeutung ›Verstand, Vernunft‹; vgl. *Ich witzle mich mit meinen Schmerzen herum* 22. 11. 72 (S. 103). Seit dem 18. Jh. auch als Übersetzung für frz. esprit; vgl. *ich ... habe viel Witz* 20. 1. 72 (S. 75); durch die Studentensprache im 18. und 19. Jh. eingeengt auf: kluger Einfall, Scherz, Spaß. *Modifikationen:* von lat. modificari, Abwandlungen, Erscheinungsformen.

11,7 *Stempel des Genies:* Stempel der Originalität; vgl. *der Strom des Genies* 26. 5. 71 (S. 15). Lat. genius konkurrierte im 18. Jh. mit dem frz. génie, das oft mit ›Geist‹ verdeutscht wurde. Gellert, der das Wort Genie als einer der ersten in der Mode werdenden Bedeutung häufig gebrauchte, erklärte 1751 in seiner Antrittsvorlesung: »der name eines großen gelehrten wird nicht durch studieren, nicht durch regeln [...] allein erworben, es wird genie, es wird eine gewisse natürliche größe und lebhaftigkeit der seele erfordert« (Dt. Wb. 4.1 II, Sp. 3412). In der im »Werther« berührten Auseinandersetzung, ob Regeln oder natürliche Begabung die größten geistigen und künstlerischen Leistungen hervorbringen, wurde zunächst Genie als Eigenschaft verlangt, später nannte man den Begabten selbst ein Genie, bis endlich der Sturm und Drang, die literarische Epoche, in der die Originalität des Genies verherrlicht wurde, den Namen ›Genieperiode‹ erhielt. Vgl. Anm. zu 92,15 *Wir Gebildeten.*

11,11 *Duldung:* Geduld; vgl. im Brief vom 21. 11. 72 (S. 102) *das Mitleiden mit meiner Duldung:* mit meinem Leiden.

11,14 *Akademien:* griech. 'Ακαδημία, wissenschaftliche und künstlerische Bildungseinrichtung; urspr. die Schule Platos, die ihren Namen vom nahe gelegenen Hain des Akademos am nordwestl. Stadtrand Athens bekommen hatte. Besondere Neubelebung erfuhr der Akademiegedanke durch den italienischen Dichter Grazzini, der im Oktober 1582 in Florenz die Accademia della Crusca gründete, die ›Kleienakademie‹, die die italienische Sprache reinigen sollte, indem sie die Kleie darin vom Mehl trennte. Diese florentinische Institution wurde mehr oder weniger Vorbild für die nachfolgenden Sprachgesellschaften des 17. Jh.s. Die bekanntesten deutschen Gesellschaften waren die Fruchtbringende Gesellschaft, auch Palmenorden, Weimar 1617, die Tannengesellschaft, Straßburg 1633, die Teutschgesinnte Genossenschaft 1643 und der Elbschwanenorden 1660 in Hamburg und die 1644 in Nürnberg gegründete Gesellschaft der Pegnitzschäfer. Mitglieder dieser mitunter verspielten, pretiösen oder lächerlich puristischen Kreise schrieben die Grammatiken und Poetiken der Zeit, deren Geist, unterstützt durch den Einfluß der französischen Klassik, in Deutschland bis Lessing fortwirkte. – Werthers Geringschätzung für die Maler- oder Künstlerakademien rührt aus dem stark normativen Charakter solcher Einrichtungen.

11,14 f. *dünkt sich:* hält sich für; von dünken, däuchte, gedäucht; dasselbe bedeutend und von derselben Wurzel wie ›denken‹, mit den unorganischen Nebenformen däuchten, dünkte, gedünkt. Vgl. *mich deucht* 1. 7. 71 (S. 37) und *mich dünkte* 16. 6. 71 (S. 27); richtiger gebildet dagegen ›mich dünkt‹, wie in den Briefen vom 22. 5. 71 (S. 12), vom 8. 1. 72 (S. 74) und 10. 10. 72 (S. 96) usw.

11,20–23 *Batteux ... Wood ... de Piles ... Winckelmann ... Sulzers Theorie ... Manuskript von Heynen:* Kunsttheoretiker, die im Gegensatz zum Genie das Besondere der Kunst in Regeln und Systemen zu fassen suchten. Vgl. dagegen Werthers Kunstanschauung, besonders in den Briefen vom 26. 5. 71 (S. 14 f.) und 30. 5. 71 (S. 17 f.). Charles *Batteux* (1713–80), Verfasser des »Cours de belles lettres ou Principes de la littérature«, 5 Bde., 1747–50, übersetzt von Ramler. – Robert *Wood* (1716–71), Verfasser von »An Essay on the original genius and writings of Homer«, London 1768, übersetzt von J. P. Michaelis. – Roger *de Piles* (1635–1709), Verfasser verschiedener theoretischer Schriften über die Malerei. – Johann Joachim *Winckelmann* (1717–68), bekannt geworden durch seine »Gedanken über die Nachahmung der griechischen Werke«, 1755, gab in seiner »Geschichte der Kunst des Altertums«, 1764, eine systematische Ästhetik. – Johann Georg *Sulzer* (1720–79), Verfasser der »Allgemeinen Theorie der Schönen Künste«, deren erster

Teil gerade 1771 erschien. – Prof. Christian Gottlob *Heyne* (1729–1812), seit 1767 klassischer Philologe an der Universität Göttingen, hielt während der Sommer beliebte Vorlesungen über griechische Archäologie. Das Manuskript, von dem hier die Rede ist, dürfte die Nachschrift einer solchen Vorlesung sein. – Vgl. auch Goethe über seine ästhetischen Spekulationen in der Wertherzeit, »Dichtung und Wahrheit«, 3. Teil, 12. Buch.

11,25 *Noch gar einen braven Mann:* einen gar braven Mann. Vgl. Anm. zu 71,13 *Inversionen.* Das Wort ›brav‹ von ital., span. bravo, kam im Laufe des Dreißigjährigen Krieges über die Soldatensprache ins Deutsche. Es hatte für die Stürmer und Dränger denselben Gefühlswert wie das Modewort ›Kerl‹.

11,26 *Amtmann:* Titel der Verwaltungsbeamten, bes. der Renten- und Wirtschaftsverwalter. Historisch Heinrich Adam Buff (1711–95), seit 1755 Deutschordens-Amtmann in Wetzlar.

11,36 *Originale:* urbildhaft unverwechselbare Menschen. Das Genie ist immer auch ein Original, daher die Bildung ›Originalgenie‹. August Friedrich von Goué war so ein ›verzerrtes Original‹ in Wetzlar.

12,4 *historisch:* tatsachengerecht, ohne Zutat oder Färbung durch den Berichterstatter. Vgl. *Ich bin ... kein guter Historienschreiber* 16. 6. 71 (S. 19) und *plan und nett, wie ein Chronikenschreiber das aufzeichnen würde* 15. 3. 72 (S. 78).

22. Mai

12,8–18 *Wenn ich ...; wenn ich sehe ..., und dann, daß ..., da man ... bemalt:* elliptischer Stil; der Periode fehlt der schließende Hauptsatz. Werthers Unvermögen, grammatisch folgerichtig zu Ende zu formulieren, ist Ausdruck und Beweis irrationalen Erlebens und vorherrschenden Gefühls. Vgl. die Anm. zu 7,13–35 über die Periode *Wenn das liebe Tal um mich dampft ...* und zu 71,13 *Inversionen.*

12,18 *lichten Aussichten:* hellen, glänzenden, schönen Aussichten.

12,25 *hochgelahrten Schul- und Hofmeister:* Hofmeister

hießen urspr. die Aufseher des Gesindes und der Kinder, dann die privaten Erzieher der Kinder; ›hochgelahrten‹ ist eine Nebenform zu ›hochgelehrten‹.

12,29 *nach wahren Zwecken handeln:* nach klaren Absichten, mit echten Zielvorstellungen. Die Bedeutung ›Ziel‹ des Wortes ›Zweck‹ stammt aus der Zeit des Armbrustschießens, wo der Zweck, unsere heutige Zwecke, den Zielpunkt der Scheibe markierte. Der beste Schuß traf den Nagel auf den Kopf. Vgl. *Wahlheim zum Zwecke meiner Spaziergänge* 21. 6. 71 (S. 30), *ihr Verlangen* [zieht] *gerade nach dem Zweck* 12. 8. 71 (S. 56) und *ohne Zweck und Aussicht* (S. 116).

12,30 *Biskuit und Kuchen und Birkenreiser:* Werthers Abwandlung des sprichwörtlichen ›Zuckerbrot und Peitsche‹.

13,14 f. *sein Gärtchen zum Paradiese zuzustutzen:* Die Bearbeitung der Gärten im frz. Stil bestand hauptsächlich im Verschneiden der Büsche und Bäume. Vgl. Anm. zu 6,30 f. *wissenschaftlicher Gärtner.*

13,22 *das süße Gefühl der Freiheit:* Werthers erste Andeutung der Möglichkeit, mit dem Freitod alle einengenden Grenzen des menschlichen Daseins zu überschreiten. Vgl. Fausts Gedanken, durch Selbstmord die Grenzen seiner Erkenntnis zu überschreiten (»Faust« I, Nacht, V. 690 ff.). – Später, in einem Brief an Graf Brühl vom 23. Oktober 1828, hat Goethe darauf hingewiesen, »daß wir äußerlich bedingt sind vom ersten Atemzug bis zum letzten; daß uns aber jedoch die höchste Freiheit übrig geblieben ist, uns innerhalb unsrer selbst dergestalt auszubilden, daß wir uns mit der sittlichen Weltordnung in Einklang setzen und, was auch für Hindernisse sich hervortun, dadurch mit uns selbst zum Frieden gelangen können«.

26. Mai

13,25 f. *mich anzubauen:* mich niederzulassen, seßhaft zu werden.

13,27 *Hüttchen aufzuschlagen:* Das Wort Hütte stammt von derselben indg. Wurzel (s)keu-, ›bedecken, umhüllen‹, wie Haut und Haus. Der begriffliche Unterschied zwischen Hütte und Zelt bezog sich anfänglich auf Größe und Form, nicht auf das Material; vgl. »Nibelungenlied«,

V. 551.3. Daher die Metapher vom Aufschlagen und Abbrechen der Hütten.

13,31 *Wahlheim:* historisch Garbenheim, das man von Wetzlar aus zu Fuß in einer halben Stunde erreichte; ein beliebtes Ausflugsziel der Angehörigen des Kammergerichts. Vgl. *Es war eine Gesellschaft draußen unter den Linden, Kaffee zu trinken.* 30. 5. 71 (S. 18).

13,32–34 *Der Leser wird ...:* Die Fußnoten halten die Herausgeberfiktion lebendig. Wie das Vorwort und der Teil unter der Überschrift *Der Herausgeber an den Leser* (S. 109) steuern sie Material bei, das außerhalb der Perspektive Werthers liegt. Vgl. die Fußnoten zu den Briefen vom 16. 6. 71 (S. 23, 24), 1. 7. 71 (S. 36) und 17. 2. 72 (S. 77).

14,8 *Scheuern:* süddt. für ›Scheunen‹; die gleichbedeutenden Wörter scheinen etymologisch nicht verwandt zu sein.

14,15–17 *ein Knabe ... ein ... halbjähriges:* Philipps und Hans; vgl. 27. 5. 71 (S. 16) und 4. 8. 72 (S. 88).

14,31 f. *die Natur ... allein bildet den großen Künstler:* Meinung der Genieverehrer und Regelverächter; vgl. Anm. zu 11,7 *Stempel des Genies* und die Theoriebeflissenheit des *jungen V ...* im Brief vom 17. 5. 71 (S. 11).

14,33 *Regeln:* Aus der Kunstbetrachtung und Kunsttheorie gewonnene und als Gesetz formulierte Einsichten bezüglich der Hervorbringung und Beurteilung von Kunstwerken, wie etwa die bekannten drei Einheiten des klassischen frz. Dramas.

15,2 *modeln:* mhd. modelen, ›formen‹.

15,7 *die geilen Reben:* die üppigen, fruchtbaren Reben; ›geil‹ bedeutete urspr. fröhlich, lustig; diese Bedeutung erhielt sich in der schwäbischen Mundart, so daß Mörike noch in dem »Alten Turmhahn« reimen konnte: »Narr! denk' ich wieder, du hast dein Teil! / willst du noch jetzo werden geil?«

15,14 *Philister:* Spießer; ein nüchterner, kleinlicher, pedantischer Mensch. Das Wort soll im 17. Jh. von Studenten aufgegriffen worden sein, als Generalsuperintendent Georg Götze anläßlich der Beerdigung eines von Jenaer Bürgern erschlagenen Studenten über den Text Richter 16, 9, »Philister über dir, Simson!«, predigte (Dt. Wb. VII, Sp. 1826).

Garbenheim bei Wetzlar, Goethes »Wahlheim«.
Nach einer Zeichnung von Carl Stuhl.

15,16 f. *Teilet eure Stunden ein:* Die älteren, volleren Personalflexionen, bes. der 2. und 3. Person Sing., erscheinen bei gehobener Ausdrucksweise und aus satzrhythmischen Gründen. – Den Rat zur pedantischen Tageseinteilung vgl. mit Kestners Brief an v. Hennings vom 25. August 1770 in Kap. III.

15,19 *Notdurft:* notwendiges, dringendes Bedürfnis.

15,24 f. *Kollegium:* lat. collegium, ›Amtsgemeinschaft‹, mit lat. lex, ›Gesetz‹, zusammenhängend. Im Staatswesen des 18. und 19. Jh.s jede aus mehreren Personen bestehende Behörde, deren Mitglieder gleiches Stimmrecht haben.

15,33 *Ableiten:* durch Flutkanäle.

27. Mai

16,14 *Weck:* Wecke, Brötchen, Semmel; ein altes Wort für keilförmiges Weizengebäck, das sich in südwestdt. Mundart erhielt.

16,19 *irden Breipfännchen:* ein Gefäß aus Erde, ahd. mhd. irdîn; Ton oder Steingut; hier unflektiertes Neutraladjektiv wie *mein eigen häuslich Leben* 16. 6. 71 (S. 24) oder »ein einförmig Ding« (S. 10), »ein ehrlich altes Weib« (S. 85) in der Erstfassung.

16,22 f. *der lose Vogel:* Schimpfwort; hess. Mundart.

16,24 *Philippsen:* Philipps ist die Verkleinerungsform des Namens Philippus, dazu tritt die Dativflexion, denn Namen wurden im 18. Jh. weit häufiger flektiert. Dabei stand im Gen. -ens (Lottens) neben starkem -s (Werthers); Dat. und Akk. hatten -(e)n (Lotten, Werthern).

16,24 f. *Scharre des Breis:* der Rest, der im Topf ›zusammengescharrt‹ werden muß; südwestdt. Mundart.

16,30 *des Schulmeisters Tochter:* historisch die Frau des Küfers Bamberger; vgl. den Brief vom 4. 8. 72 (S. 88 f.).

16,33 *betriegen:* nach ahd. pitriokan, mhd. betriegen richtiger als betrügen. Goethe verwendet beide Formen nebeneinander; vgl. *ich betrüge mich nicht* 13. 7. 71 (S. 42). (Die meisten Ausgaben bis 1817 lasen allerdings auch an dieser Stelle betriegen.)

17,3 *Kreuzer:* Münze, die nach dem darauf geprägten Doppelkreuz benannt wurde; enthielt urspr. 0,37 g Gold und galt $^1/_{60}$ Gulden oder $^1/_{90}$ Taler; im 18. Jh. nur noch eine

Kupfermünze; 1872 im Deutschen Reich abgeschafft. Vgl. *Gulden* 11. 7. 72 (S. 42) und *Dukaten* 19. 4. 72 (S. 83) sowie *Taler* 18. 7. 71 (S. 44).

17,17 *Betstunde:* Gottesdienst nach dem Abendessen; die alte Sechs-Uhr-Vesper.

17,18 *Ordre:* frz., Order, Anweisung, Auftrag.

17,21 *simplen Ausbrüchen:* aus frz. simple, lat. simplex; die unschuldigen, harmlosen, unverstellten Ausbrüche; vgl. *ein simples ... Kleid* 16. 6. 71 (S. 21), *die simple harmlose Wonne* 21. 6. 71 (S. 32), *so simpel und so geistvoll* 16. 7. 71 (S. 43). Vgl. auch Anm. zu 20,5 *Einfalt.*

17,24 f. *den Herrn inkommodieren:* von lat. incommodus, ›unbequem‹; den Herrn belästigen, ihm Unbequemlichkeiten bereiten. Vgl. Anm. zu 9,15–17 *Leute von einigem Stande.*

30. Mai

17,26 *Am 30. Mai:* Dieser Brief ist ein nachträglicher Einschub in die erste Fassung. Er erscheint wie die meisten Erweiterungen erstmals in der von Goethe überarbeiteten Ausgabe von 1787. Vgl. Varianten, Kap. II, 2.

17,28 *es ist nur, daß ...:* es kommt nur darauf an, daß ...

17,31 *Szene:* im griech. Theater die Bühnenrückwand, später Schauplatz, endlich der Auftritt selbst als kleinste Aufbaueinheit im Drama; dies hier im bildlichen Sinne.

17,32 *Idylle:* von griech. ειδύλλιον, ›Bildchen‹; in der Dichtung Schilderung friedvoll-bescheidenen Daseins.

17,33 *gebosselt:* viell. von ahd. pôzilôn, ›schmieden, bearbeiten‹; hier soviel wie ›künstlich gemacht, gedrechselt‹.

18,1 *Eingang:* Einleitung.

18,3 *Bauerbursch:* Vgl. den Brief vom 4. 9. 72 (S. 89 f.) und den Bericht des ›Herausgebers‹ (S. 112 ff.).

18,10 *anstand:* die Gesellschaft stand Werther nicht an; zugrunde liegt die Vorstellung, daß sich nur gesellt, was von gleichem Stand ist. Vgl. Anm. zu 9,15–17 *Leute von einigem Stande.*

19,3 *ungleich denken:* unrecht, übel, Unehrbares denken.

19,11 *Schelte mich nicht:* schilt nicht; Goethe flektiert das Wort schwach. Vgl. aber *wie sie mich ... schalt* 1. 7. 71 (S. 38).

16. Junius

19,23 *Am 16. Junius:* Die lat. Endung des Monats ist bei Goethe ungewöhnlich; in der Erstfassung tragen die Briefe die Daten Juni und Juli.

19,25 *der Gelehrten einer:* ein studierter Mann.

19,30 f. *habe kennenlernen:* Der Infinitiv in Vertretung des Partizips Perfekt, der bei den Modalverben, bei ›lassen, sehen, hören‹ usw. üblich ist, hat sich bei ›lernen‹ nicht durchgesetzt.

19,32 *Historienschreiber:* sachlicher Berichterstatter. Vgl. Anm. zu 12,4 *historisch.*

20,5 *Einfalt:* ahd. einfaltî; die lat. simplicitas im positiven Sinne; Einfachheit, Schlichtheit, Unschuld. Die spätere Zuspitzung auf die Bedeutung Unwissenheit, Dummheit klingt an in *nur von einem einfältigen Mädchen gesprochen* 12. 8. 71 (S. 57). Vgl. auch Anm. zu 17,21 *simplen Ausbrüchen.*

so viele Güte: Goethe flektiert das Wort ›viel‹ entgegen unserem heutigen Gebrauch auch im Nom. Akk. Sing. Vgl. *vielen Geschmack* 24. 3. 72 (S. 83) und *so viele Nahrung, so vielen Genuß* 9. 5. 72 (S. 84).

20,16 *heute frühe:* das auslautende ›e‹ dieser älteren Form geht auf das abgeschwächte ›o‹ des ahd. fruo zurück.

20,28 *Amtmann S...:* der am 17. 5. 71 (S. 11) erwähnte; vgl. Anm. zu 11,26.

20,35 f. *Ball auf dem Lande:* Der historische Ball fand am 9. Juni 1772 im Jagdhaus (späteres Schulhaus) in Volpertshausen statt. Goethe fuhr mit den Töchtern seiner Großtante, Geheimrätin Lange, im Wagen hinaus. Kestner, Lottes Verlobter, kam später nach. Vgl. die geschichtlichen Ereignisse, Kap. III.

21,4 *Base:* Tante, und zwar des Vaters Schwester, im Gegensatz zu ›Muhme‹, Schwester der Mutter. Wie ›Vetter, Gevatter‹ wurden diese Wörter auch als Anrede nicht verwandter Personen gebraucht.

21,5 f. *Charlotten S...:* Charlotte Sophie Henriette Kestner (11. 1. 1753–16. 1. 1828), Tochter des Amtmanns Heinrich Adam Buff.

21,7 *Frauenzimmer:* urspr. Aufenthalt sittsamer, vornehmer Frauen am Hof; bezeichnet dann kollektiv die dort wohnenden Frauen, bald allgem. vornehme, wohlgesittete Frauen, bis aus dem Kollektivum eine Bezeichnung für das Individuum wird: feine, gebildete Frau. – Wie ›Weib‹ hat ›Frauenzimmer‹ inzwischen eine abwertende Bedeutung bekommen.

21,7 f. *Gesellschafterin:* Tanzpartnerin, neben dem damals gebräuchlichen frz. dame.

21,20 f. *dumpfichten:* schwülen, dunklen; die Erstfassung hatte ›dumpfigen‹. Vgl. *die abfallenden Blätter machen ihr den Hof unrein und dumpfig* 15. 9. 72 (S. 95).

21,26 *verziehen:* verweilen, warten. Vgl. *verziehe nur noch vierzehn Tage* 20. 12. 72 (S. 119).

Mamsell: das frz. mademoiselle in volksmäßiger Umformung als Bezeichnung und Titel bürgerlicher Unverheirateter im 17. Jh.

21,31 ff. *In dem Vorsaale ...:* Die hier geschilderte Szene, die historisch auf der ersten Begegnung zwischen Goethe und Charlotte Buff beruht, war ein beliebtes Motiv der Illustratoren des Romans. Vgl. Abb. S. 21 und die Parodie Thackerays auf S. 153.

22,13 *Vesperbrot:* Vesper von lat. vespera, ›Abendzeit‹; urspr. Bezeichnung für das vorletzte kirchliche Stundengebet des Tages, danach allgem. für die Zeit um zwei oder sechs Uhr nachmittags. So kann auch ›Vesperbrot‹ Mittagbrot oder, wie hier, Abendbrot bedeuten.

22,16 *Kompliment:* seit Ende des 17. Jh.s aus frz. compliment, Verbeugung; allgemeiner: Höflichkeitsbezeigung.

22,25 *Vetter:* urspr. der ›Vaterbruder‹, dann jeder männliche Verwandte.

22,35 *eilf:* bis ins 18. Jh. für elf; urspr. Zusammensetzung ein-lif; ›lif‹ geht auf eine idg. Wurzel zurück, die ›übrig sein‹ bedeutet: eigtl. heißt elf also ›eins darüber‹ (über zehn). Vgl. *nach Eilfe* 12. 12. 72 (S. 116).

23,8 *auf mein Vorbitten:* auf mein Fürbitten.

23,15 *durchgezogen:* schonungslos beredet, beklatscht, durchgehechelt, d. h. wie der Flachs durch die Zähne der Hechel gezogen.

24,5 *Miß Jenny:* Figur in einem der empfindsamen Moderomane, die in Anlehnung an die Romane des erfolgreichen Samuel Richardson (»Pamela« 1740/41, »Clarissa Harlowe« 1747/48, »Sir Charles Grandison« 1753/54)

Lotte den Geschwistern Brot schneidend.
Kupferstich von Daniel Nikolaus Chodowiecki 1776. Aus der französischen Werther-Ausgabe Maestrich bei Dufour und Roux (Übersetzung von Deyverdun).

gern in England spielten. Vielleicht die Heldin der »Histoire de Miss Jenny Glanville« von Marie-Jeanne Riccoboni, 1764 übersetzt durch Gellius; oder eine Figur aus der »Geschichte der Miß Fanny Wilkes. So gut als aus dem Englischen übersetzt«, 1766 von Johann Timotheus Hermes.

24,11 f. *mein eigen häuslich Leben:* Das attributive Adjektiv wird in westmitteldt. Umgangssprache auch heute noch häufig flexionslos gebraucht.

24,18 *Landpriester von Wakefield:* »The Vicar of Wakefield«, 1766 von Oliver Goldsmith, eine idyllische Familiengeschichte, die Goethe in Straßburg durch Herder kennenlernte.

24,33 *Namen einiger vaterländischen Autoren:* Nachdem der moderne Roman vor allem in England durch Autoren wie Defoe, Richardson, Fielding, Sterne, Goldsmith usw. einen tüchtigen Aufschwung genommen hatte, war man stolz, als auch in Deutschland ähnliche Werke entstanden. Bekannte Autoren der Zeit sind Wieland mit seinem »Agathon«, 1766/67, Hermes mit »Sophiens Reise von Memel nach Sachsen«, 1769–73, Sophie von La Roche mit der »Geschichte des Fräulein von Sternheim«, 1771.

24,21 *wendete:* Goethe konjugiert das Wort schwach oder stark; vgl. 1. 7. 71 *wendete* (S. 35), *wandte* (S. 36).

24,30 *Kontretanz:* aus Frankreich im 18. Jh. eingeführter Gruppentanz, bei dem jeweils zwei Paare gegeneinandertanzen. Engl. country-dance.

25,7 *Lusthause:* Vergnügungsstätte im Park oder auf dem Lande; historisch das Jagdhaus (später Schulhaus) in Volpertshausen.

25,12 *N. N.:* mitunter Abkürzung für lat. nomen nescio, ›den Namen weiß ich nicht‹; viell. Mr. Nieper, ein guter Bekannter Jerusalems, den Kestner in seinem Tagebuch als Tänzer auf dem Ball in Volpertshausen erwähnt. Vgl. *N. N.* im Brief vom 26. 10. 72 (S. 98).

25,14 *am Schlage:* Tür der Landkutsche; vgl. *Da ward aus dem Schlage geplaudert* 8. 7. 71 (S. 40).

25,17 *Menuetts:* Einzelpaartänze; nicht, was wir heute Menuett nennen.

25,21 *einen Englischen:* den engl. Kontretanz.

25,32 f. *daß sie herzlich gern Deutsch tanze:* Der Deutsche, auch die Allemande, war eine Art des Kontretanzes mit erweitertem Einzelpaartanz, dem Walzen. Darum blieb jedes Paar, das zusammengehörte, beim Deutschen gern zusammen.

25,35 *Chapeau:* frz., Tänzer. Kestner schrieb am 9. Juni 1772 in sein Tagebuch: »12 Chapeaux: Mr. Nieper, Jerusalem, Dr. Goede ... usw., 13 Dames ...«

26,12 *Sphären:* griech. σφαῖρα, ›Ball, Kugel‹.

26,15 *Plan:* ebene Fläche, hier die Tanzdiele.

26,21 *Wetter:* Blitz; vgl. *wie vom Wetter gerührt* 16. 7. 71 (S. 43) und *mit der Wetterschnelle* 18. 8. 71 (S. 60).

26,27 *Touren:* frz., Rundgänge.

27,10 f. *die große Achte:* eine Figur des Tanzes; die Form ›Achte‹ ist ein umgangssprachlicher Plural, der sich wahrscheinlich in Analogie zu Wortformen wie ›beide, zwêne‹ entwickelte. Vgl. *nach Eilfe* 12. 12. 72 (S. 116).

27,14 *Promenade:* frz., Spaziergang, eine andere Figur des Tanzes.

27,15 f. *Albert ..., dem ich so gut als verlobt bin:* historisch Christian Kestner (1741–1800), 1767 Kammergerichtssekretär in Wetzlar, später (1784) kgl.-großbrit.-hannov. Hofrat und Vizearchivar in Hannover. – Obgleich das Verhältnis zwischen Charlotte Buff und Kestner dem Verhältnis zwischen Lotte und Albert im Roman entsprach, nahm Kestner Anstoß an der Erwähnung eines Verlöbnisses. Als Goethe die erste Fassung des Romans überarbeitete, schrieb ihm Kestner mit Bezug auf diese Stelle: »Meine Lotte hätte solches nicht äußern können, weil wir nie eigentlich versprochen gewesen sind. Wir verstanden uns, wir waren einig, wir waren nicht mehr zu trennen; das ist wahr.«

27,27 *Wetterkühlen:* Wetterleuchten; man glaubte, dies kühle die Luft ab.

27,36 *Fühlbarkeit:* Wahrnehmbarkeit für oder durch das Gefühl; erst im 18. Jh. auftretendes Wort der Empfindsamkeit. Vgl. (S. 85).

28,12 *Schlucker:* nahe der urspr. Bedeutung, Prasser, Schlemmer – Genießer.

28,23 *Vortrag zu einem Spiele:* Vorschlag und Erläuterung zu einem Gesellschaftsspiel.

28,24 f. *ein saftiges Pfand:* In Pfänderspielen waren Küsse und manche erotischen Ersatzhandlungen gesellschaftsfähig.

28,29 *wie ein Lauffeuer:* schnell; ein Lauffeuer war eine geschüttete Pulverspur zur Sprengladung.

28,30 *Ohrfeige:* Die Ohrfeige war ein weiterer Punkt des Anstoßes für Kestner. Sie entspreche weder dem wirklichen Vorgang noch dem Charakter Lottes.

29,2 *Maulschellen:* klatschende, schallende Schläge.

29,20 *Klopstock:* Friedrich Gottlieb Klopstock (1724–1803), mit dem Goethe korrespondierte und der kurz vor der Veröffentlichung des »Werther« Gast im Hause Goethes war. Seit dem Erscheinen der ersten drei Gesänge des »Messias«, 1748, war Klopstock bekannt und hochgeschätzt. Er war der erste bedeutende deutsche Erlebnislyriker, der mit dem rhapsodischen Ton wie mit dem Gegenstand seiner Lyrik (Natur, Freundschaft, Liebe) den Geschmack seiner jungen Zeitgenossen traf, so daß (1772 bis 1774) ein enthusiastischer Schülerkreis in Göttingen sich nach Klopstocks Ode »Der Hügel und der Hain« der »Hain« nannte. Der Name des Dichters konnte also zwischen Lotte und Werther wohl eine *Losung* (Zl. 23) sein.

29,21 *der herrlichen Ode:* Gemeint ist »Die Frühlingsfeier«, 1759. Das Gedicht handelt von einem Frühlingsgewitter und den Seelenregungen in dem Betrachter. Der Schluß des Gedichtes läßt sich auf die Situation im Roman beziehen. Er lautet:

Ach, schon rauscht, schon rauscht
Himmel und Erde vom gnädigen Regen!
Nun ist – wie dürstete sie! – die Erd' erquickt,
Und der Himmel der Segensfüll' entlastet!

Siehe, nun kommt Jehova nicht mehr im Wetter,
In stillem sanftem Säuseln
Kommt Jehova,
Und unter ihm neigt sich der Bogen des Friedens!

29,24 f. *unter den wonnevollsten Tränen:* Man schämte sich der Tränen nicht, im Gegenteil, sie waren als Ausdruck gesteigerter Empfindsamkeit und reichen Gefühlslebens willkommen. Wer nicht bewies, daß er weinen konnte, kam leicht in den Verdacht, kalt und herzlos zu sein.

29,26 *Edler! ... Deine Vergötterung:* Klopstock und seine Bedeutung für Lotte nach Werthers überschwenglicher Auslegung.

19. Junius

30,1 *Hereinfahrt:* Heimfahrt in die Stadt, die damals noch mit Mauern und Toren umgeben war. Vgl. *Er kam ans Stadttor. Die Wächter ... ließen ihn ... hinaus.* Der Herausgeber an den Leser (S. 136).

21. Junius

30,22 *ausspart:* (in Himburgs Nachdruck 1779 ›aufspart‹) vorbehält.

30,25 *etabliert:* frz. établir, ›einrichten‹; hier ansässig, zu Hause.

31,10–19 *Ach, könntest Du Dich in seine* [des Wäldchens] *Schatten mischen! ... O könnte ich mich in ihnen* [Hügeln und Tälern] *verlieren! ... unsere Empfindung verschwimmt darin:* bei Goethe ein motivgebundenes Wortfeld: Die große Liebe zur Natur gipfelt in dem Wunsch, in der Natur aufzugehen, sich physisch mit ihren Elementen zu ›vermischen‹, sich darunter zu ›verlieren‹, darin zu ›schwimmen‹, zu ›schweben‹ und zu ›weben‹. Vgl. *man möchte zum Maienkäfer werden, um in dem Meer von Wohlgerüchen herumschweben ... zu können* 4. 5. 71 (S. 6); *das Wehen des Alliebenden, der uns in ewiger Wonne schwebend trägt* 10. 5. 71 (S. 7); *wie um die Brunnen und Quellen wohltätige Geister schweben* 12. 5. 71 (S. 8); bis hin zu Faust, der im Mondenschein »mit Geistern schweben« und »weben« möchte; Nacht, V. 394 f.

31,27 *Vagabund:* Landstreicher, Herumtreiber, von spätlat. vagābundus, ›umherschweifend, unstet‹.

32,3 f. *die übermütigen Freier der Penelope:* »Odyssee« II, 300 f., XX, 248 ff. Penelope, die Gattin des Odysseus, wird in dessen Abwesenheit von vielen Freiern umworben, welche große Festgelage veranstalten. – Die Arbeit am eigenen Herd wirkt anregend auf Werthers Vorstellungskraft bei der Lektüre der »Odyssee«.

32,7 *Züge patriarchalischen Lebens:* Der bischöfliche Ehrentitel Patriarch, Alt- oder Erzvater, bezeichnete urspr. die Familienhäupter des biblischen Urgeschlechts und die Stammesväter Israels bis auf die zwölf Söhne Jakobs. Vgl. Anm. zu 8,20 f. *wie sie alle, die Altväter, am Brunnen Bekanntschaft machen und freien.* Werther, der die Religion allenthalben säkularisiert, zählt auch ›seinen‹ Homer zu den Altvätern; vgl. Brief vom 9. 5. 72 (S. 85). Das Patriarchat wurde um die Mitte des 18. Jh.s als natürliche und darum ideale Gesellschaftsform empfunden. Klopstocks »Messias« rief eine ganze Reihe von alttestamentlichen Patriarchengeschichten hervor. Als Beispiele seien hier nur Bodmers »Noachide« (1750) und »Der geprüfte Abraham« (1753) von Wieland genannt. Meist waren die Patriarchaden wie der »Messias« in Hexametern geschrieben.

32,8 *ohne Affektion:* lat. affectio; in der Medizin soviel wie krankhafte Veränderung. Die Erstfassung liest hier »Affektation« (S. 48), das ist erkünsteltes Wesen, Ziererei, nach ›affektieren‹, den Schein von etwas zur Schau tragen.

29. Junius

32,18 *Medikus:* lat., Arzt. Daneben gebraucht Goethe die Wörter ›Doktor‹ und ›Wundarzt‹ oder ›Chirurgus‹. Kleinere Operationen übernahm auch der Barbier.

32,23 *dogmatische Drahtpuppe:* hier der Mann, der die Vorurteile der Gesellschaft ungeprüft übernimmt und sich davon leiten läßt wie eine Marionette durch die Drähte in der Hand des Puppenspielers. Vgl. *ich werde gespielt wie eine Marionette* 20. 1. 72 (S. 75).

32,24 *Manschetten:* frz. manchettes, ›Ärmelchen‹. Handkrause, Spitzenvorsatz am Hemdärmel, schon im Mittelalter bekannt; unter Ludwig XIV. in Mode gekommen.

33,5 *guten Humor:* gute Laune. In der Natur- und Heillehre des Mittelalters führte man Wesen und Gemüt eines Menschen auf die Säfte in seinem Körper zurück. Vgl. *bis ... seine Säfte sich verbessert, der Tumult seines Blutes sich gelegt* 12. 8. 71 (S. 56). Die Temperamentenlehre unterschied zwischen kalt, heiß, trocken oder dürr, feucht oder naß. Das Wort Humor bezieht sich bei Goethe in formelhaften Wendungen auf eben diese Lehre von den

Säften. Vgl. im Brief vom 1. 7. 71 *übler Humor* (S. 35), *bösen Humor*, Synonym von *übler Laune* (S. 37) und *bei dem besten Humor* Der Herausgeber an den Leser (S. 141); vgl. Anm. zu 9,3 *von süßer Melancholie.*

33,8 *Worte des Lehrers der Menschheit:* Worte Christi, vgl. unten *dein Sohn* und Anm. zu 101,10 *Ich ehre die Religion.*

33,8 f. *Wenn ihr nicht werdet wie eines von diesen* [Kindern]*:* Anspielung auf Matth. 18, 3 »Wahrlich, ich sage euch: Wenn ihr nicht umkehret und werdet wie die Kinder, so werdet ihr nicht ins Himmelreich kommen.« – Der Gedanke von der Unschuld des Kindes war gerade durch die Schriften Rousseaus neu belebt worden.

33,11 f. *Muster ... Untertanen:* Jean Jacques Rousseau (1712–78) verkündete das Zeitalter des Kindes. Gemäß der in »Emile oder Über die Erziehung« (1762) vorgetragenen Gedanken soll man Kinder nicht nur in ihrer Eigenart gelten lassen, sondern in ihrer natürlichen Unverdorbenheit sogar als Vorbild für Erwachsene ansehen.

33,21 *radotieren:* frz. radoter, ›schwätzen, faseln, leeres Zeug reden‹.

1. Julius

34,7 *Quakelchen:* von quaken; quäkendes Kind, frankfurtisch für ›Nesthäkchen‹.

34,12 *Vortrefflichkeit des Karlsbades:* von Goethe selbst geschätzter und im Alter häufig besuchter Kur- und Badeort an der Tepl im nordwestlichen Böhmen.

34,16 *der Frau Pfarrerin meine Höflichkeiten gemacht:* ihr durch höfliche Begrüßung Ehrerbietung bezeigt; vgl. *ein unbedeutendes Kompliment* 16. 6. 71 (S. 22).

34,26 *Vorfahr im Amt:* Amtsvorgänger.

34,35 *Vikar:* lat. vicarius, ›Stellvertreter‹. Geistliche, die vorübergehend, aushilfsweise, zur Unterstützung des ordentlichen Geistlichen ihr Amt verwalten; namentlich die jungen Theologen.

35,15 *Friederike:* Tochter des Pfarrers von St., zugleich Name einer Jugendfreundin Goethes, der Tochter des Pfarrers Brion in Sesenheim bei Straßburg.

35,20 *zu artig getan:* zu schön getan, zu freundlich gewesen; vgl. Anm. zu 10,20 *artig.*

35,24 *Fratzen:* häßliche, mürrische Gesichter.

35,27 f. *da wir ... Milch aßen:* Vgl. *saure Milch* 27. 5. 71 (S. 17); die Erstfassung hat an dieser Stelle »gebrocktes Brot in Milch«.

36,9 f. *Wenn mich etwas neckt:* ärgert; vgl. *Was mich am meisten neckt* 24. 12. 71 (S. 73).

36,15 *Unsere Natur hängt sehr dahin:* neigt sehr dazu; vgl. *Ihre Seele hängt sehr nach diesen Ideen* 10. 9. 71 (S. 66).

36,26 f. *Resignationen:* lat., Entsiegelungen; hier in übertragener Bedeutung Entsagungen (vgl. engl. resignation), Selbstverleugnungen.

36,30 *Diskurse:* Gespräche, Unterredungen, Erörterungen (lat. discurrere, ›hin- und herlaufen‹, spätlat. prüfen). Vgl. *Werther fing einen unbedeutenden Diskurs an* Der Herausgeber an den Leser (S. 122).

36,33 f. *vom Predigtstuhle:* von der Kanzel.

36,35 f. *von Lavatern ... über das Buch Jonas:* Johann Kaspar Lavater (1741–1801), mit dem Goethe befreundet war, veröffentlichte 1773 »Predigten über das Buch Jonas«, darunter eine Predigt über »Mittel gegen Unzufriedenheit und üble Laune«. Vgl. *Lavaters Schwärmereien* 15. 9. 72 (S. 95) und Anm. zu 73,21 *Physiognomie.*

37,8 *mich deucht:* unorganische Form zu ›dünken‹; vgl. Anm. zu 11,14 f. *dünkt sich.*

38,8 *bangste Krankheit:* schrecklichste, fürchterlichste Krankheit; zu ahd. enki, mhd. enge; aus dem Adv. ange wurde ›beange‹, das zu ›bange‹ verdichtet wurde.

6. Julius

38,31 f. *das gegenwärtige ... Geschöpf:* das durch aufmerksame Gegenwart, durch Beistand helfende Wesen.

38,33 f. *Mariannen und ... Malchen:* Marianne ist eine Freundin Lottes, Malchen eine der Schwestern. – Charlotte Buff war mit Marie Anna Brandt, der ältesten Tochter eines Wetzlarer Hofrates und Prokurators befreundet; Amalie war Charlottes jüngste Schwester.

39,20 *Sie haben übel getan:* nämlich Malchen zu küssen, denn Lotte hatte ihrem Schwesterchen im Scherz erzählt, daß kleine Mädchen vom Männerkuß einen häßlichen Bart bekämen, ein volkstümliches Ammenmärchen.

39,33–35 *Taufhandlung ... Propheten ... Schulden:* ein Beispiel für Werthers Säkularisierung der christlichen Religion. Vgl. Anm. zu 101,10 *Ich ehre die Religion.*

8. Julius

40,16 *Was man ein Kind ist!:* Redensart, die Goethe im Brief vom 16. Juni 1774 an Charlotte Buff gebraucht; vgl. den Schlußsatz dieses Briefes.
40,16 f. *Was man nach so einem Blicke geizt!:* ›geizen‹ in der Bedeutung ›verlangen, trachten nach‹.
40,21 f. *Daß ich kurz bin:* süddt., um es kurz zu machen; vgl. *Frau M ... ist sehr schlecht* 11. 7. 71 (S. 41), *Ich bin nirgend wohl* 14. 12. 72 (S. 118).
40,24 *Audran:* der am 16. 6. 71 (S. 25) erwähnte.
40,26 *lüftig:* alte Nebenform von ›luftig‹, beweglich, flink, flatterhaft.
40,29 *allein auf sie resigniert:* ihr ganz ergeben; von lat. resignare.

10. Julius

41,11 *Ossian:* Die erste Erwähnung des Buches, das zum Ende des Romans für Werther immer bedeutsamer wird und endlich die Lektüre Homers gänzlich ablöst; vgl. Anm. zu 96,13 *Ossian hat in meinem Herzen den Homer verdrängt,* Werthers Übersetzung (S. 127 f.) und das Paralipomenon dazu Kap. II, 3.

11. Julius

41,14 *dulde:* leide, mit Gelassenheit ertrage.
41,17 *rangiger Filz:* habgieriger Bauer; weil Bauern sich mit grober Wolle kleideten, mit Filz, wurde dieses Wort schon zu Neidharts Zeit ein Schimpfwort für ungehobelte Menschen.
41,20 *das Leben abgesprochen:* für lebensunfähig erklärt.
42,3 *Gulden:* um 1350 nachgeprägte florentinische Goldmünze, Goldflorin. Dem Goldgulden wurde mit der Zeit immer mehr Silber beigemischt, bis er nur noch ein Viertel Gold enthielt und von dem besseren Dukaten verdrängt

wurde. Ein Gulden hatte 1690 den Wert von 2/3 Taler. Vgl. *Kreuzer* 27. 5. 71 (S. 17).

42,5 *Losung:* von Erlös, das aus dem Verkauf gewonnene Bargeld in der Kasse.

42,18 f. *des Propheten ewiges Ölkrüglein:* Bibelanspielung; 1. Kön. 17, 16 »und dem Ölkrug mangelte nichts nach dem Wort des Herrn, das er durch Elia geredet hatte«.

13. Julius

42,28–30 *Mich liebt! ... mich liebt!:* Dieser Absatz fehlt im Erstdruck. Wahrscheinlich handelt es sich um einen Kopierfehler; die ›zweyte ächte Ausgabe‹ von 1775 enthält die Zeilen bereits.

43,2 *entsetzt:* entblößt, des Ranges enthoben.

43,3 *der Degen genommen:* Das Schwert wurde im Mittelalter dem Jüngling als Zeichen des wehrhaften freien Mannes bei der Schwertleite mit dem Ritterschlag feierlich übergeben. Der Verlust des Schwertes in der Gefangenschaft bedeutete Degradierung; ähnlich der Verlust des Degens, der im 18. und 19. Jh. Rangwaffe für Offiziere und Kavaliere war.

16. Julius

43,27 *Grillen:* Modewort des 18. Jh.s für unfruchtbare, grüblerische, verworrene und absonderliche Gedanken; vgl. 12. 8. 71 (S. 52, 53), 15. 9. 72 (S. 95).

43,29 *Zauberkraft der Musik:* Anspielung auf den alten Aberglauben an die beschwichtigende, entrückende Zauberwirkung der Musik auf Mensch und Tier, überliefert in der Geschichte von David und Saul (1. Sam. 16, 14–23) und der griech. Sage von Orpheus und Amphion. Vgl. *die alte, himmelsüße Melodie* 4. 12. 72 (S. 108); vgl. auch »Faust« I, Nacht, V. 737 ff., der Osterchor; Studierzimmer V. 1447 ff. und V. 1607 ff., die Geisterchöre.

18. Julius

44,6 *Phantome:* griech. ψάντασμα, ›schattenhafte Erscheinung‹.

44,7 f. *frische Jungen:* unerfahrene, erwartungsfrohe Jungen.

Silhouette von Goethe 1774.

44,17 *von dem Bononischen Steine:* Bologneser Schwerspat, über den Goethe später in seiner »Italienischen Reise« berichtet: »Ich ritt nach Paderno, wo der sogenannte Bologneser Schwerspat gefunden wird, woraus man die kleinen Kuchen bereitet, welche kalziniert im Dunkeln leuchten, wenn sie vorher dem Lichte ausgesetzt gewesen, und die man hier kurz und gut Fosfori nennt.«

44, 22 *Surtout:* frz., Überrock, Jacke.

44,24 *Taler:* seit 1517 Münze aus dem in St. Joachimsthal in Böhmen geförderten Silber. Der Reichstaler hatte 24 Groschen zu je 12 Pfennig und stand seit 1623 in einem festen Verhältnis zum Gulden; danach galt ein Taler soviel wie 1½ Gulden, das waren 90 Kreuzer. Vgl. Anm. zu 17,3 *Kreuzer.*

20. Julius

45,4 *Subordination:* lat., Unterordnung, mitunter auch nur im Hinblick auf Zusammenarbeit.

45,6 *in Aktivität:* hier eigentlich ›in dienstlicher Tätigkeit‹, vgl. *in einen Posten* 15. 3. 72 (S. 78); Werther möchte es wörtlich verstehen: aktiv = tätig, ohne den verpflichtenden Bezug zum Gegenstand der Tätigkeit.

24. Julius

45,17 *zeither:* seither, bisher.

45,30 *prostituiert:* lat., bloßgestellt, lächerlich gemacht, blamiert. Vgl. *sich so platt zu prostituieren* 24. 12. 71 (S. 72).

45,32 *Schattenriß:* Das Anfertigen von Schattenbildern, die schwarz auf weiß oder umgekehrt nur die Umrisse ihres Gegenstandes zeigen, war sehr beliebt, besonders für die Abbildung von Kopfprofilen. Goethe fertigte ein solches Profilbild von Charlotte Buff an (s. Anm. zu 77,27) und half seinem Freund Johann Kaspar Lavater bei der Entstehung seiner »Physiognomischen Fragmente zur Beförderung der Menschenkenntnis und Menschenliebe« (1774 bis 1778), Lehre einer Gesichtsdeutungskunst, deren Anschauungsmaterial in Silhouetten besteht. Dazu: Anton Kippenberg, »Die Technik der Silhouette«, in »Jahrbuch der Sammlung Kippenberg«, Bd. 1, Leipzig 1921, S. 132 bis 165. Vgl. Anm. zu 77,27 *Am 20. Februar.*

26. Julius

46,4 *Sand:* Feinen Sand benutzte man zum Löschen der Tinte.

26. Julius

46,21 f. *Märchen vom Magnetberg:* aus »Tausendundeiner Nacht«.

46,24 *die armen Elenden:* elend ahd. elilenti, ellende, wörtlich ›außer Landes‹. Die Elenden sind also die in der Fremde Weilenden, daher arm und bedürftig.

30. Julius

47,33 f. *Prätension auf sie:* Anspruch auf sie; von prätendieren, aus frz. prétendre, lat. praetendere; vgl. *sie hatte noch alte Prätensionen an den Teil des Pfarrhofes* 15. 9. 72 (S. 95).

47,36 f. *der Fratze:* Schimpfwort für ungezogenes Kind, kindische, häßliche Person.

48,5 *mich resignieren:* mich zurückziehen.

48,7 *Strohmänner:* Schimpfwort wie Strohkopf; dummer, an Geist und Körper schwacher Mensch.

48,16 *drauß:* in Wahlheim, vor der Stadt.

8. August

48,27 f. *Abfälle ... Stumpfnase:* Abstufungen, Neigungsgrade der Nasenrücken. Das merkwürdige Bild geht wahrscheinlich auf Goethes Beschäftigung mit Lavaters Physiognomie zurück; vgl. die Anmerkungen zu 45,32 *Schattenriß* und 73,21 *Physiognomie*.

10. August

50,14 *von ihrer rechtschaffenen Mutter:* Vgl. den Brief vom 10. 9. 71 (bes. S. 66 f.). Magdalene Ernestine Buff (1731 bis 1771), die Gattin des Amtmanns, starb, als Charlotte, die zweitälteste Tochter, erst 18 Jahre alt war. Mit welcher Verantwortung Charlotte die Pflege ihrer Geschwister und des Haushalts übernahm, berichtet Kestner; s. Kap. III.

50,26 *hinunterwallen:* von ›wallen‹, urspr. die sprudelnde, später die ruhige Bewegung des Wassers, dann übertragen auf Dinge, die im Wasser treiben. – Das Motiv des Schwermütigen, der Blumen in den Fluß wirft und ihnen nachsieht, wurde von vielen Wertheriaden übernommen.

12. August

51,8 *pro forma:* lat., zum Schein.

51,14 *Terzerolen:* ital., kleine Taschenpistolen.

51,20 *dahlt:* scherzt, von ›dahlen‹, herumalbern.

51,21 *das Gewehr:* die Waffe; vgl. unten *alles Gewehr.*

51,22 *Ladstock:* konischer oder zylindrischer Stab zum Hinunterstoßen der Ladung in den Lauf der Vorderlader.

51,23 *Maus:* der Daumenmuskel in der Handfläche.

51,25 *Lamentieren:* Jammern, Wehklagen; von lat. lamentatio; vgl. *Lamentationen* 19. 4. 72 (S. 83).
Kur: Heilbehandlung, von lat. cura; in der Erstfassung hieß es »den Barbier«, weil der Barbier häufig solche Unfallbehandlung übernahm.

51,31 *rechtfertig:* rechtsbeflissen; von einem alten Rechtswort des Mittelalters: zum Recht bereit.

51,34 *zu limitieren, zu modifizieren:* von lat. limes, ›Grenze‹, und lat. modificatus, ›abgemessen‹; soviel wie abgrenzen, einschränken und abwandeln.

51,36 *Text:* im engeren Sinne der Grundspruch, der Bibeltext einer Rede oder Predigt.

52,27 f. *Wer hebt den ersten Stein auf:* Anklang an Joh. 8, 7: »Wer unter euch ohne Sünde ist, der werfe den ersten Stein auf sie.«

52,33 *Pedanten:* Das Wort Pedant kam im 16. Jh. aus frz. pedant, ital. pedante, das wahrscheinlich als Partizip eines in paedare romanisierten griech. παιδεύειν aufzufassen ist. Pedant, das noch im Piemontesischen einen Erzieher oder Hofmeister bedeutet, bezeichnet einen steifen überklugen und nur seine Wissenschaft, seine Regeln kennenden Gelehrten oder Schulmeister, einen kleinlichen am Unwesentlichen haftenden Menschen.

53,4–8 *Ihr ... geht vorbei wie der Priester und dankt Gott wie der Pharisäer:* Bibelanspielung, Luk. 10, 31: »Es begab sich aber ungefähr, daß ein Priester dieselbe Straße hinab zog; und da er ihn sah, ging er vorüber.«, Luk. 18, 11: »Der Pharisäer stand und betete bei sich selbst: Ich danke dir, Gott, daß ich nicht bin wie die andern Leute.«

53,16 *im gemeinen Leben:* im allgemeinen, gewöhnlichen Leben.

53,30 *Gemeinspruche:* Binsenweisheit, Banalität.

54,14 *Radotage:* frz., zusammenhangloses Gerede, Faselei.

54,19 *haben wir Ehre:* ist uns gestattet.

54,26 *ausdauern:* ertragen; vgl. engl. endure.

54,27.29 *wunderbar . . . ungehörig:* sonderbar, verfehlt.

54,31 *Paradox:* griech., lat., widersinnig.

54,33 *eine Krankheit zum Tode:* Bibelanklang, Joh. 11, 4: »Da Jesus das hörte, sprach er: Diese Krankheit ist nicht zum Tode.«

55,1 *Revolution:* in der Grundbedeutung Umwendung, Umkehr, von lat. revolvere.

55,17 *Ein gutes junges Geschöpf:* Beutler nimmt an, daß sich Goethe hier auf den Selbstmord der 23jährigen Anna Elisabeth Stöber bezieht, die sich am 29. Dezember 1769 in Frankfurt ertränkt hat, weil ihr Geliebter sie verlassen hatte. Die Aufzeichnungen über diesen Fall finden sich in demselben Band, der auch die Prozeßakten über die Kindesmörderin Susanna Margarethe Brandt enthält, die historische Wurzel der Gretchentragödie in »Faust« I.

56,24 *Labyrinth:* griech. λαβύρινθος, ›Irrgarten‹; in der griech. Sage Aufenthalt des Minotaurus.

56,33 *Säfte:* Vgl. Anm. zu 9,3 *von süßer Melancholie* und zu 33,5 *guten Humor.*

15. August

57,19 *Begriff:* Vorstellung, das Be-greifen mit dem Verstand.

57,26 f. *das Hauptstückchen von der Prinzessin, die von Händen bedient wird:* eine Episode aus dem Märchen »La chatte blanche« aus den »Contes de Fées« von Marie Cathérine Jumelle de Berneville, Gräfin von Aulnoy (etwa 1650–1705). Siehe Katharina Mommsen, »Goethe und 1001 Nacht«, Berlin 1960, S. 21.

57,30 *Inzidentpunkt:* Nebenpunkt, Zwischenfall im Geschehnisablauf.

58,5 f. *ihn das Abenteuerlichste überreden:* Kontamination von ›ihm etwas über-reden, einreden‹ und ›ihn zu etwas überreden‹. Die Erstfassung hatte »ihm«.

18. August

58,13–59,29 *Das volle warme Gefühl meines Herzens an der lebendigen Natur ...:* Vgl. Anm. zu 7,13–35 *Wenn das liebe Tal um mich dampft ...*

58,34 f. *das Geniste:* Gestrüpp, Gebüsch, das den Vögeln Nistplätze bietet.

59,8 *Wetterbäche:* vom Gewitterregen entstandene oder angeschwollene Bäche.

59,23 *mit Fittichen eines Kranichs:* Vgl. »Faust« I, Vor dem Tor, V. 1072–99.

22. August

61,14 *aufgefahren:* eingefallen.

61,18 *angelegen:* anliegen, mit Bitten bedrängen; unser Modewort geht zurück auf Luk. 23, 23: »Aber sie lagen ihm an mit großem Geschrei und forderten ...«

61,21 f. *die Fabel vom Pferde:* bei Stesichorus, Horaz (Epist. I, 10) und Lafontaine (Fabeln 4, 3); vom Pferd, das im Kampf gegen den Hirsch den Menschen zu Hilfe ruft und danach vom Menschen ausgenutzt wird.

28. August

61,28 *Am 28. August:* Der 28. August war tatsächlich Goethes und auch Kestners Geburtstag.

62,1 *blaßroten Schleifen:* die am 16. 6. 71 (S. 21) und in Werthers letzten Zeilen (S. 145) erwähnten. Charlotte Buff schenkte Goethe, als er schon wieder in Frankfurt war, eine Schleife, die sie auf dem Ball in Volpertshausen am Kleid getragen hatte; siehe Goethes Brief vom 8. Oktober 1772 an Lotte.

62,4 *Duodez:* Taschenformat, ein Buch, dessen Bögen in zwölf Blätter gefaltet wurden; lat. in duodecimo.
der kleine Wetsteinische Homer: von J. H. Wetstein (1649 bis 1726) herausgegebene »Homeri opera ... graece et

latine«, Amsterdam 1707. Da Lateinkenntnisse verbreiteter waren als das Griechische, erschienen die Homer-Ausgaben zumeist zweisprachig. Von den deutschen Übertragungen setzte sich erst die Hexameter-Fassung (1781 bis 1793) von Johann Heinrich Voss durch.

62,6 *mit dem Ernestinischen:* Ausgabe von J. A. Ernesti, 1759–64, Leipzig, griech. Text mit Latein von Clarke im Oktav (also nur achtfach gebrochenem Bogen).

62,16 *Erscheinungen:* Trugbilder, vgl. *Phantome* 18. 7. 71 (S. 44).

30. August

63,28 f. *das härene Gewand und der Stachelgürtel:* aus Haaren gefertigtes rauhes Gewand der Einsiedler und Büßer und ein Gerät zur Kasteiung; Anklang an Matth. 3, 4: »Johannes hatte ein Kleid von Kamelhaaren und einen ledernen Gürtel um seine Lenden.«

10. September

64,4 *Am 10. September:* Goethe verließ Wetzlar am 11. September 1772 sehr plötzlich und unerwartet nach einem ähnlichen Gespräch. Siehe Goethes Brief vom 10. September 1772 an Charlotte Buff, hier S. 87 und 88; dazu Goethe an Kestner am 12. April 1773 in »Goethe und Werther«, S. 154.

64,19 *im Garten:* derselbe, den Werther am 4. 5. 71 erwähnt.

64,26 *ein geheimer sympathetischer Zug:* ›sympathetisch‹ von neulat. sympatheticus, spätgriech. συμπαθητικός, ›in innerer Wechselwirkung stehend‹, war ein Modewort des empfindsamen 18. Jh.s, das wahrscheinlich dem naturmystischen alchimistischen Schrifttum entnommen wurde, Dt. Wb. 10 IV, Sp. 1395 f.; vgl. *daß sein Herz nicht sympathetisch schlägt* 29. 7. 72 (S. 88).

64,30 f. *romantischsten:* von romantisch, Adj. zu Roman; soviel wie romanhaft. Vgl. *romantische Überspannung* (S. 123).

65,4 *Boskett:* frz. bosquet, Gehölzgruppen in Renaissance- und Barockgärten, Buschwerk.

65,26 *frappanter:* von frz. frapper, ›überraschender‹.

65,28 ff. *Niemals gehe ich im Mondenlichte ...:* Es war eine aus der englischen Literatur, der sogenannten ›graveyard‹-Dichtung, übernommene Mode, Mondschein mit Gedanken an Gräber und die Verstorbenen zu verbinden. Bekannt war vor allem auch Klopstocks Ode:

Die frühen Gräber (1764)

Willkommen, o silberner Mond,
Schöner, stiller Gefährte der Nacht!
Du entfliehst? Eile nicht, bleib, Gedankenfreund!
Sehet, er bleibt, das Gewölk wallte nur hin.

Des Mayes Erwachen ist nur
Schöner noch, wie die Sommernacht,
Wenn ihm Thau, hell wie Licht, aus der Locke träuft,
Und zu dem Hügel herauf röthlich er kömt.

Ihr Edleren, ach es bewächst
Eure Maale schon ernstes Moos!
O wie war glücklich ich, als ich noch mit euch
Sahe sich röthen den Tag, schimmern die Nacht.

In diesem Ton entstanden nach dem Erscheinen des »Werther« zahlreiche lyrische Wertheriaden. Vgl. die Wirkungsgeschichte, Kap. V.

66,27 f. *Es greift Sie zu stark an, liebe Lotte:* Die Anreden unter den Figuren sind vielgestaltig. Werther und seine Freunde Wilhelm, Albert, Adelin duzen einander. Nur in den offenen Zeilen mit der Bitte um die Pistolen (S. 139) wird Albert von Werther gesiezt. Werther ist so frei, auch Lotte zu duzen, die ihrerseits Werther siezt. Zwischen Lotte und ihrem Bräutigam verhält es sich umgekehrt: Lotte duzt Albert und wird von ihm mit Vornamen und ›Sie‹ angeredet. Das entspricht nach A. Kestners Auskunft den historischen Verhältnissen. Seine Mutter redet Werther mit ›Ihr‹ an (S. 143), einfache Leute wie den geistesverwirrten Heinrich (S. 105) in der dritten Person Singular. Vgl. Erich Schmidt, »Richardson, Rousseau und Goethe«, S. 255: »›Du‹ ist die Anrede der Poesie und Vertraulichkeit, ›Sie‹ die Anrede der förmlichen Convenienz. [...] Oft folgt dem Sie ein Du auf dem Fuße und umgekehrt. [...] Caroline [Flachsland an Herder?]:

›Ach dass ichs Ihnen so ganz sagen könnte, wie ich Dich liebe.‹ Inneren Widerstreit spiegelt der Wechsel der Anrede in den Briefen Goethes an Frau v. Stein.«

20. Oktober 1771

69,3 *Der Gesandte:* historisch der braunschweigische Gesandte v. Hoefler, Vorgesetzter Jerusalems, denn dem zweiten Buch liegt die Geschichte Karl Wilhelm Jerusalems (1747–72) zugrunde, der sich aus unglücklicher Liebe zu Elisabeth Herd, der Gattin des kurpfälzischen Legationssekretärs, das Leben nahm. Siehe die historisch-biographischen Grundlagen, Kap. III.

69,4 *unpaß:* unpäßlich, indisponiert.
sich ... einhalten: im Zimmer oder Haus aufhalten.

69,5 *unhold:* ungnädig, mürrisch.

69,10 *leichteres Blut:* Leichtigkeit, Unbeschwertheit; vgl. Anm. zu 9,3 *von süßer Melancholie* 13. 5. 71 und 33,5 *guten Humor* 29. 6. 71.

69,13 *herumschwadronieren:* aus der Studentensprache; viele großsprecherische Worte machen.

69,19 f. *unter dem Volke:* unter den Menschen seiner neuen Umgebung, in der er tätig ist; vgl. *unter dem garstigen Volke* 24. 12. 71 (S. 72), *alle das Volk* 15. 3. 72 (S. 79); nicht *die geringen Leute* vom 15. 5. 71 (S. 9).

69,25 *zusammenhalten:* zum Vergleich nebeneinanderstellen.

70,5 *idealische:* nur in der Idee, in der Vorstellung gegeben; ohne Realität.

70,10 *Lavieren:* aus niederl. laveeren, loveeren, ›beim Segeln gegen den Wind kreuzen‹; daher ›die Verfolgung eines Zieles auf Umwegen‹.

26. November

70,19 *Grafen C ...:* historisch der Präsident Graf von Bassenheim, der Jerusalem freundlich gesonnen war.

70,24 *Er nahm teil an mir:* Er zeigte wohlwollendes Interesse an mir, Mitgefühl. Vgl. das Wort *Teilnehmung* 30. 5. 71 (S. 18) und *Anteil* 15. 11. 72 (S. 101).

24. Dezember

71,3 *der pünktlichste Narr:* pünktlich in der allgemeineren Bedeutung: bis auf den Punkt sorgfältig und genau; vgl. *Pedant* (S. 52). Goethe assoziierte mit dem Wort pünktlich auch die Punktiertechnik der Kupferstecher, über die er sagte: »in so fern ihre arbeit lobenswürdig ist, mag man sie wohl mignaturisten nennen; fehlt es ihnen ganz und gar an geist, haben sie kein gefühl fürs ganze, wissen sie keine einheit ins werk zu bringen, so mag man sie pünctler und punctirer schelten« (Dt. Wb. VII, Sp. 2240).

71,4 f. *umständlich wie eine Base:* wie eine alte Jungfer.

71,11 *Partikel:* lat. particula, ›Teilchen, Teilstück‹, grammatisch: ein unveränderliches, flexionsloses Redeteilchen.

71,13 *Inversionen:* Wortumstellungen im Satz; z. B. *so ungleich, so unstet hast Du nichts gesehn als dieses Herz* 13. 5. 71 (S. 8 f.) oder *So vertraulich, so heimlich hab' ich nicht leicht ein Plätzchen gefunden* 26. 5. 71 (S. 14). Übereinstimmend mit der Ablehnung aller einengenden Regeln wurden derartige Freiheiten in der Wortstellung von den Stürmern und Drängern als unmittelbarer Ausdruck geschätzt. – In seinen Fragmenten »Über die neuere Deutsche Litteratur«, 1. Sammlung, 12. Abhandlung, schrieb Herder 1767: »Je mehr sich also die Aufmerksamkeit, die Empfindung, der Affekt auf einen Augenpunkt heftet; je mehr will er dem andern auch eben diese Seite zeigen, am ersten zeigen, im hellesten Lichte zeigen – und dies ist der Ursprung der Inversionen.« Vgl. auch Hamann, »Kreuzzüge des Philologen«, 1762: »Die deutsche Sprache ist ihrer Natur nach vor andern dieser Inversionen fähig; und ihre Kühnheit trägt mit zum Ansehn unserer poetischen Schreibart bey.«

71,14 *Perioden:* lat. periodus, ›Umlauf, Kreislauf‹; in der Grammatik das geschlossene Satzgefüge aus Haupt- und Gliedsätzen.

71,23 *sich darein resignieren:* sich darein ergeben, fügen; vgl. Anm. zu *Resignation* 1. 7. 71 (S. 36).

71,30 *ich halte . . . Widerpart:* Gegenpartei ergreifen, widersprechen.

72,1 *Belletristen:* von frz. belles-lettres, Verfasser schöngeistiger Schriften, leichter Unterhaltungsliteratur im Gegensatz zu wissenschaftlicher Fachliteratur.

72,12 f. *spanische Dörfer:* auch böhmische Dörfer, Dinge von denen man nichts versteht.

72,13 *ich empfahl mich:* ich ging.

72,14 *Deraisonnement:* frz. déraison, ›Unvernunft, Dümmelei‹.

Galle zu schlucken: üble Laune zu bekommen und Zorn herunterzuschlucken. Dem Ausdruck liegen alte medizinische Vorstellungen zugrunde; vgl. Anm. zu 9,3 *von süßer Melancholie.*

72,20 f. *auf der Galeere ... angeschmiedet:* sprichwörtlich. Die Galeere, bis ins 17. Jh. meist Galee genannt, war ein im Mittelmeer gebräuchliches Kriegsschiff (navis longa), dessen zahlreiche Ruder von Sklaven und Sträflingen, die an den Ruderbänken angeschmiedet waren, bewegt wurden.

72,27 *ohne Röckchen:* unbemäntelt, unverhüllt.

73,6 *fatalen:* lat. fatum, ›Schicksal‹; verhängnisvoll, unglückbringend.

73,7 *so gut als einer:* so gut wie irgendeiner, d. h. wie jeder andere.

73,13 *Fräulein von B ...:* Nicht, wie man zuerst annahm, Maximiliane La Roche, verheiratete Brentano, von der Werthers Lotte die schwarzen Augen hat, sondern wahrscheinlich Luise von Ziegler (Lila, 1750–1814). E. Schmidt, »Richardson, Rousseau und Goethe«, zitiert S. 286 f. aus Caroline Flachslands Briefen: »Lila ist Fräulein von Ziegler, Hofdame bei der Landgräfin von Homburg, ein ausserordentlich empfindsames Mädchen. [...] Sie wird auf eine elende, schändliche Weise wegen ihres Herzens am Hof, wo leider menschliche Empfindungen für Narrheiten ausgeschrien werden, gepeinigt. [...] Wenn Goethe von Adel wäre, so wollte ich, dass er sie vom Hof [in Darmstadt] wegnähme, wo sie auf die unverantwortlichste Art verkannt wird.«

73,21 *Physiognomie:* aus dem Frz., von griech. φυσιογνωμία, ›Gesichtsausdruck‹. – Der in der ›Herausgeber‹-Anmerkung zum Brief vom 1. 7. 71 (S. 36) und im Brief vom 15. 9. 72 (S. 95) erwähnte Johann Kaspar Lavater veröffentlichte 1774–78 seine »Physiognomischen Fragmente zur Beförderung der Menschenkenntnis und Menschenliebe«. Diese Physiognomik auf morphologischer Grundlage, eine Vorstufe der späteren Gestaltpsychologie von C. G. Carus und E. Kretschmer, hat Goethe gekannt. Vgl. 30. 11. 72 (S. 104).

73,28 *Schirm:* urspr. ›Schild, Schutz‹.

73,29 *sich verpalisadiert:* sich verschanzt; von lat. palus, ›Pfahl‹, frz. palissade, ›Verschanzung durch Pfahlwerk‹.

73,36–74,1 *das eherne Jahrhundert ... im eisernen:* Die alten Dichter und Philosophen unterschieden bis zu fünf Weltalter, lat. aetates, Stufen der Kultur, Sittlichkeit und Glückseligkeit des Menschengeschlechts. Hesiod und Proklos nennen das goldene, das silberne, das eherne, das heroische und das eiserne Weltalter. Werther wendet eine solche Einteilung auf das Lebensalter an.

8. Januar 1772

74,6 *Zeremoniell:* aus lat. ceremonia, frz. cérémonial; Regeln des förmlichen Verkehrs an Höfen, Etikette.

74,7 f. *einen Stuhl weiter hinauf bei Tische:* Die höfische Sitzordnung war genau festgelegt, danach saßen die rangobersten Gäste dem König am nächsten.

74,13 *Händel:* Streithandel, Zank; verengte sich aus ›Handel‹, alles, was mit den Händen ausgerichtet wird.

20. Januar

75,10 *Raritätenkasten:* Auf Jahrmärkten aufgestellte Guckkästen mit ein oder zwei Vergrößerungslinsen zum Betrachten von Bildern in richtiger Perspektive.

75,21 *Sauerteig:* gärender alter Brotteig, der immer wieder als Treib- und Lockerungsmittel dem frischen Teig zugesetzt wird.

76,7 f. *vertraulichen:* vertrauten.

8. Februar

76,31 *Unbegriff:* Unverstand.

76,33 f. *in ihre eigenen Eingeweide zu wüten:* mit dem Akk. der Richtung. *Eingeweide* oder *inneres Eingeweide* (S. 115) hier gleichbedeutend mit ›Herz‹.

20. Februar

77,27 *Am 20. Februar:* Dieser Brief ist zum guten Teil autobiographisch. Nachdem Goethe von Charlotte Buffs Vermählung mit Christian Kestner erfahren hatte, schrieb er: »Gott segn' euch denn; ihr habt mich überrascht. Auf den Karfreitag wollt' ich heilig Grab machen und Lottens Silhouette begraben.«

15. März

78,23 *plan:* einfach; aus lat. planus, ›glatt‹.
Chronikenschreiber: Geschichtsschreiber, Historiograph; vgl. Anm. zu 12,4 *historisch.*

78,25 *distinguiert mich:* zeichnet mich aus, von lat. distinguere, ›unterscheiden‹. Jerusalem wurde von Graf Bassenheim des öfteren zu Tisch geladen.

78,31 *wir Subalternen:* von lat. subalternus, ›wir Untergeordneten‹.

79,1 *Obristen:* ältere Bezeichnung für Oberst, bis ins 17. Jh. selbständiger Führer einer von ihm selbst geworbenen Heeresabteilung.

79,6 *Schnürleibe:* miederartiges, den Leib einschnürendes und formendes Kleidungsstück der Frauen.
en passant: frz., ›im Vorbeigehen‹.

79,8 *Nation:* von lat. natio, ›das eingeborene Volk eines Landes‹, hier ›Geburts- und Erbadel, die Sippe‹.

79,16 f. *angestochen:* aus der Jagdsprache: durch Stiche gereizt.

79,21 f. *Krönungszeiten Franz des Ersten:* Franz I. (1708 bis 1765), Herzog von Lothringen, später Großherzog von Toskana, seit 1736 Gatte Maria Theresias, wurde 1745 zum deutschen Kaiser gekrönt. Die Garderobe des Barons war also 27 Jahre alt und altmodisch.

79,23 *in qualitate Herr von R . . .:* also nicht in seiner Eigenschaft als Hofrat, sondern als Mitglied der »noblen Gesellschaft«.

79,24 *fournierten:* von frz. fournir, ›ausgestatteten, versorgten‹.

79,28 *lakonisch:* kurz angebunden, aus lat. stilus laconicus und laconice dicere; etwas kurz und treffend ausdrücken wie die Lakonier, die Spartaner.

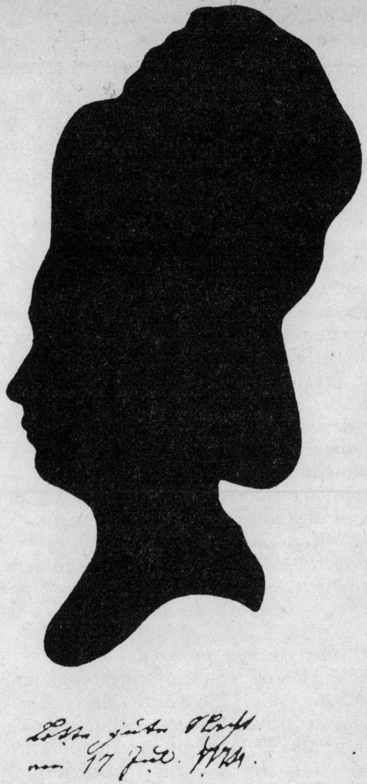

Silhouette von Lotte Buff 1772.
Diese Silhouette wurde im Oktober 1772 an Goethe nach Frankfurt geschickt, am 17. Juli 1774 schrieb Goethe »Lotte gute Nacht« darunter. Das Original mit Goethes Unterschrift ist seit Kriegsende verschollen.

79,31 *zirkulierte:* Kreise zog, sich herumsprach.

79,34 *in ein Fenster:* eine Fensternische. Bei alten Häusern mit großer Mauerstärke befinden sich innen vor den Fenstern Nischen.

80,1 f. *Ihro Exzellenz:* Ihro war der Form nach Dat. Sing. Fem. oder Gen. Pl. von ›ihr‹; erst gegen Ende des 17. Jh.s kam in Verbindung mit Titeln das unveränderliche possessive ›Ihro‹ auf; es wurde in der Mitte des 18. Jh.s noch als neu empfunden (Dt. Wb. 4. 2, Sp. 2058 3); Exzellenz, aus dem Lat., Erhabenheit, ist seit dem 16. Jh. Anrede und Titel für höhere Beamte.

80,5 *ein böser Genius:* ein böser Geist. – »Die Vorstellung von zwei Genien des Menschen, einem guten und bösen G., rührt von den Griechen her; der Volksglaube verband mit dem Begriff des G. stets die Vorstellung eines guten, fördernden Wesens, [...] das bei Erzeugung und Geburt des einzelnen Menschen mitwirkt, sein Wesen bestimmt, ihn als Schutzgeist durchs Leben begleitet und noch nach dem Tode in den Laren [...] fortlebt« (nach Meyer: Konversations-Lexikon, Bd. 7, S. 569).

80,10 *Kabriolett:* frz., leichter zweirädriger Einspänner.

80,12 f. *wie Ulyß von dem trefflichen Schweinehirten bewirtet wird:* Odyssee, 14. Gesang und 20. Gesang, V. 253; Ulyß ist der lat. Name für Odysseus.

80,18 *Adelin:* nur in diesem und dem folgenden Brief erwähnt.

16. März

81,12 *um Ihrentwillen:* ältere Form von ›um ihretwillen‹, aus der Formel ›um ihren Willen‹.

81,20 *ehegestern:* vorgestern.

81,33 *ich habe müssen zuhören:* Beim doppelten Infinitiv im Perfekt oder Plusquamperfekt setzen wir heute regelmäßig den Infinitiv des Modalverbs an die zweite Stelle: zuhören müssen.

82,4 *geträtscht:* von mundartlich ›tratschen‹, oberdt. ›trätschen‹ für ›schwatzen, klatschen‹.

24. März

82,28 f. *in einem Säftchen:* wie eine bittere Medizin in schmackhafter Lösung.

82,32 *Geheimenrat:* Die Geheimen Räte waren ursprünglich Ratgeber des Fürsten; seit Ende des 17. Jh.s bildeten sich aus den Ratskollegien die Ministerien; als der Titel auch an geringere Beamte im Kanzlei- und Rechnungswesen vergeben wurde, nannte sich der höhere Beamte Wirklicher Geheimer Rat.

82,33 *Halte:* urspr. Weideplatz für das Vieh. Goethe benutzt hier die um das Verbum verkürzte alte Formel ›Halte machen‹, auf einem Weideplatz verharren.

19. April

83,23 *Dukaten:* urspr. in Venedig geprägte Goldmünzen. Sie bekamen ihren Namen nach der Umschrift »Sit tibi Christe datus quem tu regis iste ducatus« (Dir, Christus, sei dieses Herzogtum gegeben, welches du regierst). Seit 1559 deutsche Reichsmünze, wurde der Dukaten in Süddeutschland bis 1871 geprägt. Vgl. Anm. zu 17,3 *Kreuzer.* – Der Erbprinz von Braunschweig hatte versucht, Jerusalem zum Bleiben zu überreden und ihm Geld angeboten.

9. Mai

84,8 *Am 9. Mai:* Der Brief bringt aufschlußreiche Einzelheiten für die Deutung Werthers. Nach R. Hering, »Heimatliche Spuren in Goethes Jugenddichtungen«, in: »Goethe-Kalender 1935«, S. 111 ff., werden hier lokale Einzelheiten Frankfurts beschrieben.

84,10 *Pilgrims:* im gehobenen Stil für ›Pilger‹, aus der alten Eindeutschung des lat. peregrinus, ›der Fremde‹. Vgl. *Pilgrimschaft* 30. 11. 72 (S. 106).

84,21 *Busen:* Brust als Wohnung des Herzens und dadurch der Ort der innersten Gefühle und Empfindungen.

85,9 *unsere Kindheit zusammengepfercht:* Nach Werthers Empfinden waren die Kinder der Stadt in der Schule wie Herdenvieh in einem engen Pferch oder Hürdenschlag eingeschlossen. Das gleiche Gefühl ließ Werther die *Akademien* (S. 11) als geistige Beengung empfinden.

85,10 *Kramladen:* Der Krämer war der Einzelhändler, im Gegensatz zum Kaufmann, dem Großhändler.
85,29 *Altväter:* Vgl. *wie sie alle, die Altväter* ... 12. 5. 71 (S. 8). Werther rechnet Homer zu den Altvätern.
85,33 *Was hilft mich's:* alter Akk. der Person in formelhafter Wendung. Goethe benutzte gewöhnlich den Dativ.
86,5 *Schelmen:* Schurken, Betrüger.
86,5 f. *Ansehen:* Aussehen.

11. Junius

86,31–87,1 *nicht in meiner Lage:* nicht an meinem rechten Platz.
87,2 f. *von ganz gemeinem Verstande:* von gewöhnlichem, durchschnittlichem Verstand.
87,12 *Imagination:* Einbildungskraft; von lat. imago, ›Bild‹.

16. Junius

87,17 *Waller:* Wallfahrer, Pilger; Nomen agentis zu ›wallen‹, von Ort zu Ort ziehen; vgl. das Leben als Wallfahrt 30. 11. 72 (S. 106).

29. Julius

88,12 f. *daß sein Herz nicht sympathetisch schlägt:* nicht im verbindenden inneren Gleichklang.
88,13 f *bei der Stelle eines lieben Buches:* Vgl. Werthers und Lottes Zusammenfinden im Gespräch über Literatur im Brief vom 16. 6. 71 und den Gipfel dessen im Aussprechen des Namens Klopstock als *Losung* (S. 29) sowie später die gemeinsame Ossian-Lektüre.

4. August

88,26 *mein gutes Weib:* aus dem Brief vom 27. 5. 71 (S. 16).

4. September

90,25 *Hausfrau:* Hausherrin.
91,11 *Protestationen:* Beteuerungen, von lat. protestatio.
92,10 *mit ... sittlichen Worten:* mit gewöhnlichen, gebräuchlichen Worten.

92,15 f. *Wir Gebildeten – zu nichts Verbildeten!:* Werthers Ablehnung der »hergebrachten sittlichen Worte« und der Bildung als Verbildung kennzeichnet ebenso wie die Vorbehalte gegenüber den Akademien (S. 11) und der Schulstube (S. 85) seinen kulturpessimistischen Standpunkt. Das heißt, Werther stellt sich hier ganz auf die Seite Rousseaus, der in seinem Roman »Émile, ou de l'éducation« (1762) die Kultur als Entartung des natürlichen Zustandes abtut und darum dem unverdorbenen Kind Émile statt (miß-) bildender Erziehung nur Gelegenheit zur Entfaltung seiner natürlichen Kräfte geben will. – Ähnlich geht auch der Geniegedanke davon aus, daß der wirklich schöpferische Mensch allein aus sich und seinen persönlichen Gaben heraus Höchstleistungen vollbringt. In der »Kritik der Urteilskraft« (1790) definiert Kant: »Genie ist das Talent (Naturgabe), welches der Kunst die Regel gibt. Da das Talent, als angebornes produktives Vermögen des Künstlers, selbst zur Natur gehört, so könnte man sich auch so ausdrücken: Genie ist die angeborne Gemütsanlage (ingenium), durch welche die Natur der Kunst die Regel gibt« (§ 46). »Darin ist jedermann einig, daß Genie dem Nachahmungsgeiste gänzlich entgegen zu setzen sei« (§ 47). Vgl. Anm. zu 11,7 *Stempel des Genies.*

5. September

92,32 *Billett:* frz., Briefchen.

6. September

93,7 *blauen einfachen Frack ... gelbe Weste und Beinkleider:* eine im Jahre 1771 häufige Kombination, die auch Jerusalem trug. Durch den Roman von Werthers Leiden wurde sie zur beliebten Tracht der Empfindsamen.

93,9 *unscheinbar:* glanzlos, matt, unansehnlich.

15. September

94,34 *vertrauern:* sich vor Trauer abhärmen und darüber zugrunde gehen.

95,4 *die Frau Pfarrerin:* Sie verkörpert Goethes persiflierende Erinnerung an die Pietistin Johanna Dorothea Griesbach (1726–75), die Goethe in Frankfurt bei Fräulein v. Klettenberg kennengelernt hatte und von der es noch im 8. Buch von »Dichtung und Wahrheit« heißt, sie »schien zu streng, zu trocken, zu gelehrt« und führte »einen so großen Apparat [von Gelehrsamkeit] auf dem Wege zur Seligkeit mit sich.«

95,5 *an Butter und Eiern:* Die Pfarrer bezogen von der Gemeinde als Entgelt für ihre Dienste ein Naturaliendeputat.

95,11 *sich abgibt:* Goethe verzichtet auf die Präposition der vollen Wendung ›sich mit etwas abgeben‹.

95,11 f. *sich ... meliert:* von frz. se mêler de qc., ›sich um etwas kümmern‹.

95,12 *Untersuchung des Kanons:* Kanon nennt man die von der Kirche offiziell anerkannten Bücher der Bibel im Gegensatz zu den Apokryphen. Mit der aufkommenden historischen Betrachtungsweise im 18. Jh. begann man den Kanon philologisch-kritisch zu untersuchen.

95,13 *moralisch-kritischen Reformation:* von Bahrdt, Basedow, Eberhard u. a. vorgetragene Gedanken zur Loslösung der allgemein menschlichen Züge des Christentums von der geschichtlichen, offenbarten Seite.

95,14 f. *Lavaters Schwärmereien:* Lavater, den der ›Herausgeber‹ in der Fußnote zum Brief vom 1. 7. 71 (S. 36) erwähnt, war Vertreter eines unhistorisch schwungvollen Gefühlschristentums. Werthers Meinung sollte hier nicht vorbehaltlos mit Goethes Meinung gleichgesetzt werden. Siehe Goethes Kritik an Lavaters »Aussichten in die Ewigkeit« in den »Frankfurter Gelehrten Anzeigen« Nr. 88, 3. 11. 1772, S. 579 ff.

95,24 f. *Kennikot, Semler und Michaelis:* Benjamin Kennicot (1718–83), Theologe, war seit 1753 führend in der alttestamentlichen Textkritik. Johann Salomo Semler (1725–91), Professor der Theologie in Halle, unterschied streng zwischen Schrift und Wort Gottes. In der Schrift sah er ein menschlich-geschichtliches Zeugnis der Offenbarung, das wohl einer »freien Untersuchung« ausgesetzt werden darf. Johann David Michaelis (1717–91), Professor für orientalische Sprachen in Göttingen, unterstützte die kritischen Theologen mit seinem Fachwissen.

95,27 *gelitten:* geduldet.

Schulze: verkürzte Nebenform zu Schultheiß, Gemeindevorsteher; aus ›Schuld‹ und ›heißen‹, der Mann, der ein Sollen gebietet, eine Pflicht auferlegt.

95,30 *von seiner Frauen Grillen:* Frauen ist der alte Gen. Sing.

95,33 *Kammer:* Rentkammer, landesfürstliche Rechnungsbehörde, welche die regelmäßigen Einkünfte einzieht.

95,34 *Prätensionen:* Siehe Anm. zu 47,33 f.

12. Oktober

96,13 *Ossian hat in meinem Herzen den Homer verdrängt:* James Macpherson (1736–96), Lehrer in Edinburgh, dichtete 1761–65 unter Verwendung alter irischer und schottischer Sagen und Volksballaden Heldenlieder, die er für Übersetzungen alter gälischer Fragmente ausgab. Man glaubte lange, ein Sänger namens Ossian sei der Verfasser gewesen. – Werthers Brief vom 12. 10. 71 beschreibt die Welt Ossians sehr genau. Es ist eine wilde, nebelreiche, von keinem Gott durchwaltete Naturlandschaft, eintönig traurig und unerbittlich gegen ihre Bewohner. Die Glieder dieses heldenmütigen Geschlechtes, das selbst nur schattenhaft durch Vergleiche mit der Natur gezeichnet ist, gehen jung und tragisch unter, um hernach im preisenden Andenken ihrer großen Sänger fortzuleben. – Das balladeske, schwer durchschaubare, leidenschaftliche Geschehen wird in gefühlsgeladener, rhythmisch-lyrischer Sprache vorgetragen. – Goethe war mit dieser Dichtung in Straßburg durch Herder bekannt geworden. Vgl. die Erwähnung Ossians am 10. 6. 71 (S. 41) und unten die Gesänge (S. 127 ff.). Vgl. auch Herders Aufsatz »Über Ossian und die Lieder der alten Völker« (1771), gedruckt 1773 in dem Sammelband »Von deutscher Art und Kunst«; auch Hans Hecht, »James Macpherson's Ossian-Dichtung«, in: German.-Roman. Monatsschrift 10 (1922) S. 220–237, und Herbert Schöffler, »Ossian. Hergang und Sinn eines großen Betrugs«, in: Goethe-Kalender 34 (1941) S. 123–162, wieder abgedruckt in: H. S., »Deutscher Geist im 18. Jahrhundert«, Göttingen 1956.

96,26 *Sterne des Abends:* Vgl. den Anfang der Ossian-Lektüre (S. 127).

97,5 f. *Der Wanderer wird kommen:* freies Zitat aus Ossians Gesang »Berrathon« (S. 135).
97,8 *Fingals trefflicher Sohn:* Fingal ist der Sohn Comhals, König von Morven, Vater des Sängers Ossian und Held in dessen Gesängen.

26. Oktober

98,9 *Skripturen:* aus lat. scriptura, ›Schriftstücke‹.
98,10 *Möbeln:* alter Pl., in Anlehnung an Mobilien, aus lat. mobilia.

3. November

100,15 *verlechter Eimer:* ›verlechen‹ heißt durch Austrocknung und Hitze rissig werden, so in Pred. 12, 6: »Und der Eimer zerlech(z)e am Born«; verwandt mit ›lechzen‹ und ›Lech‹.
100,17 f. *der Himmel ehern über ihm:* ›ehern‹ ist ein stetes Beiwort zu Himmel bei Homer; vgl. auch 5. Mose 28, 23: »Dein Himmel ... wird ehern sein und die Erde unter dir eisern.«

8. November

100,28 *Exzesse:* Ausschweifungen; von lat. excedere, ›herausgehen, überschreiten‹.
100,30 *Bouteille:* frz., Flasche.

15. November

101,9 *Müdeseligkeit:* Bildung aus ›Müdsal‹ wie ›Trübsal‹; Lebensmüdigkeit.
101,10 *Ich ehre die Religion ...:* Die nun häufiger werdenden Bibelanklänge in der Sprache dürfen nicht über Werthers unorthodoxe Weltanschauung täuschen. Goethe hatte 1769 Gottfried Arnolds »Unpartheyische Kirchen- und Ketzerhistorien« (1699) gelesen. Über die Lektüre schrieb er am Ende des achten Buches von »Dichtung und Wahrheit«: »Seine [Arnolds] Gesinnungen stimmten sehr zu den meinigen, und was mich an seinem Werk besonders ergetzte, war, daß ich von manchen Ketzern, die man mir bisher als toll oder gottlos vorgestellt hatte, einen vorteilhaftern Begriff erhielt. Der Geist des Widerspruchs und

die Lust zum Paradoxen steckt in uns allen. Ich studierte fleißig die verschiedenen Meinungen, und da ich oft genug hatte sagen hören, jeder Mensch habe am Ende doch seine eigene Religion, so kam mir nichts natürlicher vor, als daß ich mir auch meine eigene bilden könne, und dieses tat ich mit vieler Behaglichkeit. Der neue Platonismus lag zum Grunde; das Hermetische, Mystische, Kabbalistische gab auch seinen Beitrag her, und so erbaute ich mir eine Welt, die seltsam genug aussah.« Werthers Grundeinstellung zur Religion scheint der des jungen Goethe sehr verwandt. Vgl. Max Heynacher, »Goethes Philosophie aus seinen Werken«, Leipzig 1905, S. 9; Fritz Blanke, »Der junge Goethe vor der religiösen Entscheidung (1768 bis 1771)«, in: Die Furche, 1932, H. 2, S. 122–136; ferner die Goethe-Aufsätze von Herbert Schöffler, besonders »Die Leiden des jungen Werther«. Auch Johanna Graefe, »Die Religion in den ›Leiden des jungen Werther‹« und Hanna Fischer-Lamberg, »Das Bibelzitat beim jungen Goethe«, in: Gedenkschrift für F. J. Schneider, Weimar 1956, S. 217 ff.

101,17 f. *der Sohn Gottes . . . gegeben hat:* Joh. 6, 65: »Niemand kann zu mir kommen, es sei ihm denn von meinem Vater gegeben.«

101,28 f. *Und ward . . . bitter:* Matth. 26, 39: »Mein Vater, ist's möglich, so gehe dieser Kelch von mir.«

101,33 *Sein und Nichtsein:* Anklang an »Hamlet«, III, 1, V. 56, Monolog: »To be, or not to be . . .«

102,6 f. *Mein Gott! . . . verlassen?:* Matth. 27, 46 wörtlich.

102,9 f. *der die Himmel zusammenrollt wie ein Tuch:* Anklang an Ps. 104, 2: »du breitest aus den Himmel wie einen Teppich.«

22. November

103,1 *witzle:* vernünftle, klügle; vgl. *Witz* 17. 5. 71 (S. 11).

103,2 f. *mir's nachließe:* erlaubte, gestattete.

103,3 *Litanei:* großer Bittgesang der Gemeinde bei Prozessionen und in der Kirche, aus kirchenlat. litania, griech. λιτανεία; übertragen: lange eintönige, sich wiederholende Herzensergießung oder Darlegung. Dt. Wb. VI, Sp. 1071. *Antithesen:* griech. 'αντίϑεσις, ›Entgegensetzung, Gegensatz‹.

30. November

104,28 f. *Ich suche ... Blumen –:* Der Mensch im grünen Rocke erinnert an die geistig umnachtete Ophelia in »Hamlet«, IV, 5.

104,32 *Jelängerjelieber:* volkstümlicher Name für verschiedene langblühende Pflanzen, vor allem Geißblatt, Lonicera Caprifolium.

105,1 *Da haußen:* Zu dem Adv. ›außen‹ trat zunächst ein ›hie‹ der Richtung, von dem nur das h erhalten blieb, dann die Verstärkung ›da‹.

105,3 *Tausendgüldenkraut:* rotblühendes Enziangewächs; Wiesenpflanze, aus der magenstärkender Tee bereitet wird.

105,14 *Generalstaaten:* niederl. Staten-Generaal, urspr. eine gemeinsame Vertretung der Stände mehrerer Territorien eines Landesherrn, seit dem 15. Jh. Die Niederlande galten wegen ihrer Kolonien als reich.

105,33 *schöne Hand:* schöne Handschrift.

107,19: *rückkehrender Sohn:* Vgl. die Parabel vom verlorenen Sohn, Luk. 15, 11–24.

4. Dezember

108,11 f. *die alte, himmelsüße Melodie:* Vgl. Lottes Leiblied 16. 7. 71 (S. 43).

108,23 *widerstehen Ihnen:* widerstehen mit Dat. der Person: ›zuwider sein‹.

Der Herausgeber an den Leser

114,5 f. *Meuchelmörder:* von ahd. mûh, ›Heimtücke, heimliches Lauern‹; verwandt mit bair. mauscheln.

115,33 f. *in seinem wirksamen Leben:* in seinem berufstätigen Leben.

116,13 *Lebensmüde:* Lebensmüdigkeit, Goethes Neubildung von dem Adj. lebensmüde; vgl. die Neuschöpfung *Müdseligkeit* (S. 101).

12. Dezember

116,30 *nach Eilfe:* Vgl. Anm. zu 22,35 *eilf.* Die Form ›eilfe‹ ist der Plural davon.

117,28 *stoppelt:* stoppeln: in die Stoppeln gefallene Ähren

Titelkupfer zum ersten Band von »Goethe's Schriften« bei G. J. Göschen, Leipzig 1787, gezeichnet von Ramberg nach Angelika Kauffmann, gestochen von Geyser.

auflesen, ein den Armen zugestandenes Recht; übertragen: mühsame Sammelarbeit.

14. Dezember

118,34 *Zaudern und Zagen:* wieder Anklang an »Hamlet«, III, 1, V. 60 ff.; vgl. auch »Faust« I, Nacht, V. 690 ff.

Der Herausgeber an den Leser

120,18 *Spielwerke:* Spielzeuge.
120,27 *geschickt:* wie es sich schickt, geziemt; vgl. *artig* 17. 5. 71 (S. 10).
120,28 *Wachsstöckchen:* gezogene Wachslichter; hergestellt, indem der Docht mehrfach durch ein Wachsbad und anschließend durch ein formgebendes Loch gezogen wird.
121,3 *worein:* aus dem älteren Adv. warein, mhd. warîn, ›wo hinein‹; hier in relativem Gebrauch statt ›in den‹. Die Erstfassung liest worinn (S. 182).
121,17 *Er knirrte mit den Zähnen:* knirren vom selben Wortstamm wie knarren und knurren, daraus über knirsen auch das in diesem Kontext gebräuchliche knirschen.
121,28 *Politisch:* in der alten Bedeutung von weltklug, praktisch, diplomatisch.
122,23 *Burschen:* Vgl. *Bauerbursch* 30. 5. 71 (S. 18); *Diener* 18. 7. 71 (S. 44); *Bedienter* (S. 122); *Knaben* (S. 142) und *Jungen* (S. 143).

21. Dezember

123,4 *romantische Überspannung:* romantisch, Adj. zu Roman; soviel wie romanhaft, empfindsam.
123,26 f. *ausgetragen:* ausgelitten, d. h. zur Reife gebracht.

Der Herausgeber an den Leser

124,9 *auskehren:* ausbürsten.
124,10 f. *Kontos zu fordern:* Abrechnungen verlangen.
125,4 f. *Kleider einnähen:* Kleider wurden, vor allem auf Reisen, in Tücher eingenäht.
127,9 f. *das Mädchen ... in das Nebenzimmer sitzen lassen:*

›sitzen‹ in der Bedeutung ›sich setzen‹ ist oberdt.; vgl. einem Pferde auf- oder absitzen.

127,12 *ein Menuett . . ., sie:* falscher Bezug; Menuett wurde zu Goethes Zeit als Fem. gebraucht, daher müßte es heißen »eine Menuet(t) . . ., sie«; in sich stimmig ist auch die Lesart »einen Menuett . . ., er«.

127,18 *Gesänge Ossians:* Goethe hatte bereits in Straßburg Ossians »Songs of Selma« übersetzt; vgl. den Anfang des englischen Texts und der ersten Übersetzung, S. 72 f., mit der Fassung im Roman. Bei dem Einbezug dieser Stellen ging es Goethe nicht um eine Verherrlichung der Ossian-Dichtung, sondern um die Charakteristik Werthers, dessen Selbstspiegelung in den motivlichen Parallelen. Das wurde oft übersehen. Der Engländer Henry Crabb Robinson berichtet in seinem Tagebuch unter dem Datum vom 2. August 1829 über ein Gespräch mit Goethe: »Something led him to speak of Ossian with contempt. I remarked: The taste for Ossian is to be ascribed to you in a great measure. It was ›Werther‹ that set the fashion. He smiled and said: ›That's partly true, but it was never perceived by the critics that Werther praised Homer while he retained his senses, and Ossian when he was going mad. But reviewers do not notice such things.‹« (Robinson, »Diary«, ed. by Th. Sadler, vol. 2, London 1869, p. 432)

Ossian

127,25–134,35 *Stern der dämmernden Nacht, schön funkelst du in Westen . . .:* »Star of descending night! fair is thy light in the west!« Anfang von »The Songs of Selma«. Grundgedanke der nachfolgenden Gesänge ist, daß die Toten des preisenden Liedes bedürfen, um darin fortzuleben. So kommt es in der Totenklage Ossians bei spärlich angedeuteten und verschachtelten Handlungsteilen zur Häufung der Namen von Helden und Sängern.

Ossian: Sänger, Sohn Fingals und Vater Oskars.

Lora: Landschaft, Wiese unterhalb des Hügels Selma.

Fingal: König von Morven, Vater Ossians.

Ullin: Sänger, der Alpins Gesang wiederholt.

Ryno, Alpin: Sänger, die gemeinsam den Tod des Helden

Morar besangen; Ossian und Ullin wiederholten den Wechselgesang.
Minona: Sängerin der Klagen Colmas, Tormans Tochter, Schwester des Helden Morar.
Selma: Landschaft; Hügelstätte, auf der Fingal sich mit seinen Helden und Sängern versammelt.
Salgar: Colmas toter Geliebter.
Colma: Geliebte Salgars; ihre Klage um den toten Salgar wiederholt die Sängerin Minona; daran erinnert Ossian.
Morar: Held; Sohn Tormans, dessen Tod zuerst von den Barden Ryno und Alpin besungen wurde und später von Ossian und Ullin – wiederum erinnert durch Ossian.
Oskar: Held; Sohn Ossians und Enkel Fingals.
Morglan: Großvater mütterlicherseits des Helden Morar.
Armin: Held; Beherrscher der Insel Gorma.
Carmor: Held; Fürst des Galmal.
Colgar: Sohn Carmors.
Annira: Tochter Carmors.
Daura: Tochter Armins.
Arindal: Sohn Armins.
Fura: Landschaft.
Armar: Geliebter Dauras, Armaths Sohn, der irrtümlich Arindal, den Bruder seiner Geliebten, tötet.
Erath: Sohn Odgals, der seinen von Armar erschlagenen Bruder an Daura, der Geliebten Armars, rächt.

128,9 *buhlten:* warben um, wetteiferten.

128,31 *schnobend:* schnuppernd.

128,32 *des verwachsenen Stroms:* des von Pflanzen zugewachsenen Stroms.

135,16 *Warum weckst du mich, Frühlingsluft?:* »Why dost thou awake me, O gale?« Vom Anfang des Gesanges »Berrathon«; eine ganz andere Stelle, die Goethe hier anschließt, weil sie sich unmittelbar auf Werther beziehen läßt.

Der Herausgeber an den Leser

135,24 *Er warf sich vor Lotten nieder:* Dieser Darstellung liegt die letzte Begegnung Jerusalems mit der Frau des Sekretärs Herd zugrunde, von der Goethe durch Kestner wußte.

21. Dezember

137,22 *Ich hatte eine Freundin:* die im Brief vom 17. 5. 71 (S. 10) erwähnte; vgl. Anm. zu 10,29.

137,28 *ängstliche Lade:* Angst erregende hölzerne Kiste; der Sarg.

138,34 f. *Ich gehe voran! gehe zu meinem Vater:* Anklang an Joh. 14, 28: »Ich gehe zum Vater.«

139,4 *ich wähne nicht:* befinde mich nicht im Wahn.

139,5 f. *wir werden uns wieder sehen!:* wörtlicher Rückruf aus dem Gespräch vom 10. 9. 71 (S. 68); vgl. auch die Beschwörung der Mutter Lottes.

Zettel

139,14 *Ihre Pistolen leihen:* Es war damals nicht ungewöhnlich, auf Reisen vorbeugend gegen Wegelagerer Waffen zu tragen. Werther hatte die Pistolen früher schon einmal geliehen (Anfang des Briefes vom 12. 8. 71, S. 51). Er siezt Albert, da es sich hier um eine unpersönliche, offene Nachricht handelt. Die historischen Zeilen Jerusalems an Kestner lauten: »Dürfte ich Ew. Wohlgeb. wohl zu einer vorhabenden Reise um ihre Pistolen gehorsamst ersuchen? – J. d. 29. Oct. 1772. Mittags 1 Uhr.«
Goethe nahm den Brief bei seinem Besuch Anfang November 1772 in Wetzlar an sich; vgl. Abb. S. 95; das Original liegt in Weimar.

Der Herausgeber an den Leser

139,23 *unmutige Vergleichung:* mißmutiger, schwermütiger Vergleich.

140,15 *Stockung:* das Verhalten der wahren Gefühle füreinander.

140,26 *worden:* präfixlose Partizipialform von ›werden‹, die seit dem frühen Nhd. und vereinzelt bis ins 19. Jh. neben ›geworden‹ steht.

140,32 *ihn ... bestritten:* mit Widerspruch gegen ihn gestritten.

141,27 *erbrechen:* öffnen durch Zerbrechen der Siegel.

141,30 *den Pult:* Aus lat. pulpitum entstand Pulpit, das zu

Pulpt, Pult (Ntr. oder Mask.) gekürzt wurde. In dem Entwurf zu dieser Stelle heißt es in Anlehnung an lat. pulpitum noch *am Pulten*; vgl. Kap. II, 1.
Werthers Knaben: Im 18. Jh. bezeichnete ›Knabe‹ auch den jungen Bediensteten, wie heute noch ›Mädchen‹ im Wort ›Zimmermädchen‹ die Bedienstete meint.

Nach Eilfe

144,22 *gegen mir über:* bei Goethe öfter für ›mir gegenüber‹.
144,30 *Schattenbild:* der Schattenriß aus den Briefen vom 24. 7. 71 (S. 45) und 20. 2. 72 (S. 78).
145,1 *meine Leiche zu schützen:* Da Selbstmord der christlichen Religion nach eine Sünde ist, wurde Selbstmördern in der Regel ein christliches Begräbnis, oft jedes Begräbnis auf dem Friedhof der Gemeinde, versagt. Magister Friedrich Christian Laukhard, damals Student in Gießen, hatte nach Jerusalems Tod Wetzlar besucht; in seinen Erinnerungen schrieb er darüber: »Der Amtmann Buff, ein redlicher Mann, bat den Pfarrer Pilger um die Erlaubnis, die Leiche des Unglücklichen auf dem Gottesacker zu begraben. Aber der Pfaffe, der leider in dieser Sache zu befehlen hatte, sah jeden Selbstmörder als ein Aas an, das eigentlich für den Schinder gehöre, und versagte die Erlaubnis. Kaum konnte der Graf von Spauer, der sich recht tätlich für Jerusalems ehrliche Bestattung interessierte, soviel erhalten, daß der Erblaßte auf einer Ecke des Gottesackers durfte begraben werden. Pastor Pilger hat hernach mehrere Predigten gegen den Selbstmord gehalten und den guten Jerusalem so kenntlich beschrieben, daß jedermann merkte, er sei es, der nun in der Hölle an eben dem Orte ewig brennen müsse, wo Judas der Verräter brennt ...« (zit. n. Migge, S. 37).
145,8 f. *Priester und Levit ... und der Samariter:* Anspielung auf Luk. 10, 31–33: »Es begab sich aber ungefähr, daß ein Priester dieselbe Straße hinabzog; und da er ihn sah, ging er vorüber. Desgleichen auch ein Levit; da er kam zu der Stätte und sah ihn, ging er vorüber. Ein Samariter aber reiste und kam dahin; und da er ihn sah, jammerte ihn sein ...« – Eine Polemik Werthers gegen die

Orthodoxen und ein Appell an die empfindsamen Samariter in seinem Fall.

145,11 f. *Ich schaudere nicht, den kalten schrecklichen Kelch zu fassen:* Anklang an Joh. 18, 11: »Soll ich den Kelch nicht trinken, den mir mein Vater gegeben hat?«

Der Herausgeber an den Leser

146,6 *Blick vom Pulver:* soviel wie ›Blitz vom Pulver‹; nach der alten Bedeutung des Wortes ›Blick‹: schnell schießender Lichtstrahl.

146,22 f. *Man ließ ihm ... eine Ader:* Der Aderlaß (venae sectio), die Öffnung einer Vene, meist der Armvene, und Entnahme von 200 bis 500 ccm Blut zur Ableitung und Senkung des Blutdrucks wurde seit Hippokrates (460 bis 377 v. Chr.) nicht nur an Kranken vorgenommen. Die Barbiere, die den Aderlaß ausführten, machten das Bekken, in dem das Blut aufgefangen wurde, zu ihrem Zunftsymbol. Vgl. auch die edlen *Pferde, die, wenn sie schrecklich erhitzt und aufgejagt sind, sich selbst aus Instinkt eine Ader aufbeißen, um sich zum Atem zu helfen* 16. 3. 72 (S. 82).

146,28 *konvulsivisch:* krampfhaft zuckend; von lat. convellere.

147,4 *Emilia Galotti:* 1772, Drama von Lessing, in dem die Heldin die einzige sittliche Rettung in ihrem Tod sieht. Tatsächlich lag Kestners Bericht zufolge ein Exemplar dieses Dramas auf Jerusalems Pult, als man ihn auffand.

147,16 *tuschten:* dämpften, beschwichtigten.

147,17–21 *Nachts gegen Eilfe ... Handwerker ... Kein Geistlicher:* Das Begräbnis bei Nacht war üblich, ebenso daß Gesellen einer Handwerkerzunft den Sarg trugen. Das Fehlen des Geistlichen ist allerdings eine auffallende Abweichung von der üblichen Beerdigungszeremonie.

II. Entwürfe, Varianten, Paralipomena

1. Entwürfe

Goethe schrieb »Die Leiden des jungen Werthers« nach seinen eigenen Worten in vier Wochen nieder. Zu dieser ersten, schnellen Niederschrift gibt es so gut wie keine Entwürfe. Ein einziges handschriftliches Blatt vermittelt uns bescheidene Einsicht in Goethes Arbeitsweise. Das Quartblatt enthält eine tagebuchähnliche Aufzeichnung Werthers über den Empfang der Pistolen:

»Sie sind durch ihre Hände gegangen, sie hat den Staub davon geputzt, ich küsse sie tausendmal, sie hat euch berührt. Und du Geist des Himmels begünstigst meinen Entschluss. Und sie reicht dir das Werckzeug, Sie von deren Händen ich den Todt zu empfangen wünschte und ach nun empfange. Sie zitterte sagte mein Bedienter als sie ihm die Pistolen gab. O Herr sagte der gute Junge eure abreise thut euern Freunden so leid. Albert stand am Pulten, ohn sich um zu wenden sagte er zu Madame: Gieb ihm die Pistolen, sie stund auf und er sagte: ich lass ihm glückliche Reise wünschen, und sie nahm die Pistolen und putzte den Staub sorgfältig ab und zauderte und zitterte wie sie sie meinem Buben gab und das Lebe wohl blieb ihr am Gaumen kleben. Leb wohl leb wohl!
Hier hab ich die fleischfarbene Schleiffe vor mir die sie am Busen hatte als ich sie kennen lernte, die sie mir mit so viel Liebenswürdigkeit schenckte. Diese Schleife! Ach damals dacht ich nicht, dass mich der Weeg dahin führen sollte.
Ich bitte dich sey ruhig.«

Der Inhalt dieses Entwurfs findet sich jetzt im vorletzten Brief an Lotte: *Sie sind durch Deine Hände gegangen,* ... (S. 142 f.), im Herausgeberbericht: *Die Erscheinung von Werthers Knaben* ... (S. 142) und im Abschiedsbrief an Lotte: *Diese blaßrote Schleife* ... (S. 145).

Ein zweites, nur als Faksimile erhaltenes handschriftliches Blatt, das man zuerst als einen Entwurf zum Herausgebervorwort der Erstfassung des Romans ansah, gehört seiner

Schreibung nach (dreimal ß statt ss) zur späteren Umarbeitung. Zum Vergleich sei hier das erweiterte, mahnende Vorwort des handschriftlichen Fragments angeführt (vgl. S. 3):

»... lege euch seine Verlassenschafft hier ziemlich vollständig vor.[1]
schöpfe nicht nur wollüstige Linderung aus seinem Leiden, laß indem du es liessest nicht den Hang zu einer unthätigen Mismuth in dir sich vorneh[2] sondern ermanne dich und laß dir dieses Büchlein einen tröstenden, warnenden Freund seyn, wenn du aus Geschick oder eigner Schuld keinen nähern finden kanst, dem du vertrauen magst und der seine Erfahrungen mit Klugheit und Güte auf deinem Zustande anzupassen und dich mit oder wider willen auf den rechten Weeg zu leiten weis.
dadurch bin ich angetrieben worden den Fustapfen des unglücklichen emsiger nachzugehen, ich habe seine Freunde vermocht, mir manche zurückgehaltenen Papiere mitzutheilen und daraus einige Unrichtigkeiten der Abschreiber verbessern, und hier und da eine Lücke ausfüllen können, und wünsche daß euch diese Bemühung angenehm seyn möge.«

2. *Varianten*

Die meisten Varianten der Erstfassung des Romans gehen auf die Drucker zurück. Der erste Druck erschien anonym 1774 zur Michaelismesse bei der Weygandschen Buchhandlung in Leipzig. Im selben Jahr brachte derselbe Verlag noch zwei Nachdrucke heraus, in denen elf Druckfehler berichtigt wurden. Die »zweite echte Auflage« erschien 1775 ebenfalls bei Weygand in Leipzig. Hier wurde der mittlere Absatz in den Brief vom 13. 7. 71 eingefügt und den beiden Teilen wurden je vier Verse als Motto vorangestellt. Die Verse vor dem zweiten Teil enthalten jene Warnung, die in dem Entwurf zum Vorwort breiter ausgeführt ist:

1. Dieses Satzbruchstück ist in der Handschrift durchgestrichen.
2. Lies: vermehren.

Die Leiden des jungen Werthers.

Erster Theil.

Leipzig,
in der Weygandschen Buchhandlung.
1774.

Titel der Erstausgabe.

Jeder Jüngling sehnt sich so zu lieben,
Jedes Mädchen so geliebt zu sein;
Ach, der heiligste von unsern Trieben,
Warum quillt aus ihm die grimme Pein?

Du beweinst, du liebst ihn, liebe Seele,
Rettest sein Gedächtniss von der Schmach;
Sieh, dir winkt sein Geist aus seiner Höhle:
Sei ein Mann, und folge mir nicht nach.

Von den vielen unrechtmäßigen Nachdrucken des »Werther« müssen vor allen die des Berliner Buchhändlers Christian Friedrich Himburg erwähnt werden. Himburg gab 1775 ohne Erlaubnis des Dichters »J. W. Goethens Schriften« heraus. Der erste Teil der »Schriften« enthielt den »Werther«, dessen Text Himburg leicht verändert und dem Berliner Sprachgebrauch angeglichen hatte. In den Jahren 1777 und 1779 legte Himburg die »Schriften« neu auf, und mit jeder Neuauflage vermehrten sich die Druckfehler in seinem Text.

Als nun Goethe 1782 in Weimar an die Umarbeitung des Romans gehen wollte und kein Exemplar seines »Werther« zur Hand hatte, wandte er sich an Frau von Stein, die ihm aber nur mit einem Band der dritten Auflage von Himburg helfen konnte. So kommt es, daß der zweiten Fassung des Romans von 1787 nicht das Original der Erstausgabe, sondern ein fehlerreicher illegaler Nachdruck zugrunde liegt.

Goethe ließ gegen Ende 1782 den Roman abschreiben, um hernach das Manuskript eigenhändig zu verbessern, zu ändern und mit Zusätzen zu versehen.

Bei der Umarbeitung wurden unter anderem die Mottoverse der zweiten echten Auflage von 1775 wieder gestrichen.

Umgestellt wurden die Briefe vom 12. 12. 72 (S. 116 f.) und 14. 12. 72 (S. 117 f.), die ursprünglich unter den Daten vom 8. 12. und 17. 12. dem Herausgeberbericht unmittelbar vorausgingen.

Geändert wurden vor allem folgende Passagen:

Wie sehr wünscht' ich ... Gegenwart gedrückt sei. (S. 109)
Alles, was ihm Unangenehmes ... Ende näher. (S. 115 f.)
Der Entschluß, die Welt ... diesen Schritt tun. (S. 118)
Lotte war indes ... eingenommen hatte. (S. 125–127)
Die liebe Frau ... verschlucken suchte. (S. 139–142)

Die Leiden
des
jungen Werthers.

Erster Theil.

Jeder Jüngling sehnt sich so zu lieben,
Jedes Mädgen so geliebt zu seyn,
Ach, der heiligste von unsern Trieben,
Warum quillt aus ihm die grimme Pein?

Zweyte ächte Auflage.

Leipzig,
in der Weygandschen Buchhandlung.
1775.

Titel der zweiten echten Ausgabe von 1775 mit dem Motto.

Hinzugefügt wurden:
im ersten Buch
die Briefe vom: 30. 5. 71 (S. 17 f.)
26. 7. 71 (S. 46 *Ja, liebe Lotte . . .*)
8. 8. 71 (S. 49 *Abends*)
im zweiten Buch vor dem Herausgeberbericht
im Brief vom 20. 1. 72 (S. 75) die Stelle *Des Abends nehme ich mir vor . . . . ist weg.* und die Briefe vom:
8. 2. 72 (S. 76)
16. 6. 72 (S. 87)
4. 9. 72 (S. 89–92)
5. 9. 72 (S. 92 f.)
12. 9. 72 (S. 93 f.)
27. 10. 72 (S. 99)
22. 11. 72 (S. 102 f.)
26. 11. 72 (S. 103 f.)
im zweiten Buch im Herausgeberbericht die Stellen:
Lottens Vater war . . . auffordern könnte. (S. 110–115)
Von seiner Verworrenheit . . . einrücken wollen. (S. 116)
Endlich ward er . . . ein Zeugnis abgibt. (S. 119)
Was in dieser Zeit . . . der seinigen wert seien. (S. 119 f.)

Die Übersicht läßt erkennen, daß sich Goethe bei der Bearbeitung vor allem auf das zweite Buch, und dort wiederum auf den Teil vom Herausgeberbericht an, konzentriert hat. Ganz neu ist die Episode von dem Bauernburschen, die im Brief vom 30. 5. 71 (S. 17 f.) angefangen, im Brief vom 4. 9. 72 (S. 89 f.) fortgeführt und im Herausgeberbericht (S. 110 f.) beendet wird. Es lohnt sich, die anderen, kürzeren Zusätze einmal hintereinander durchzulesen, weil dabei Goethes Absicht, Werther »noch einige Stufen höher zu schrauben«, ganz augenfällig zutage tritt.

Die umfänglicheren Änderungen im Herausgeberbericht zielten darauf ab, »Alberten so zu stellen, daß ihn wohl der leidenschaftliche Jüngling, aber doch der Leser nicht verkennt«. Sie brachten zugleich eine merkliche Zurückhaltung des Herausgebers im Urteil über Werther. Der Bericht beginnt in der ersten Fassung so (vgl. S. 109,12–115,18):

»Die ausführliche Geschichte der lezten merkwürdigen Tage unsers Freundes zu liefern, seh ich mich genöthiget seine Briefe durch Erzählung zu unterbrechen, wozu ich den Stof

aus dem Munde Lottens, Albertens, seines Bedienten, und anderer Zeugen gesammlet habe.
Werthers Leidenschaft hatte den Frieden zwischen Alberten und seiner Frau allmählig untergraben, dieser liebte sie mit der ruhigen Treue eines rechtschafnen Manns, und der freundliche Umgang mit ihr subordinirte sich nach und nach seinen Geschäften. Zwar wollte er sich nicht den Unterschied gestehen, der die gegenwärtige Zeit den Bräutigams-Tagen so ungleich machte: doch fühlte er innerlich einen gewissen Widerwillen gegen Werthers Aufmerksamkeiten für Lotten, die ihm zugleich ein Eingriff in seine Rechte und ein stiller Vorwurf zu seyn scheinen mußten. Dadurch ward der üble Humor vermehrt, den ihm seine überhäuften, gehinderten, schlecht belohnten Geschäfte manchmal gaben, und da denn Werthers Lage auch ihn zum traurigen Gesellschafter machte, indem die Beängstigung seines Herzens, die übrige Kräfte seines Geistes, seine Lebhaftigkeit, seinen Scharfsinn aufgezehrt hatte; so konnte es nicht fehlen daß Lotte zulezt selbst mit angestekt wurde, und in eine Art von Schwermuth verfiel, in der Albert eine wachsende Leidenschaft für ihren Liebhaber, und Werther einen tiefen Verdruß über das veränderte Betragen ihres Mannes zu entdekken glaubte. Das Mistrauen, womit die beyden Freunde einander ansahen, machte ihnen ihre wechselseitige Gegenwart höchst beschwerlich. Albert mied das Zimmer seiner Frau, wenn Werther bey ihr war, und dieser, der es merkte, ergriff nach einigen fruchtlosen Versuchen ganz von ihr zu lassen, die Gelegenheit, sie in solchen Stunden zu sehen, da ihr Mann von seinen Geschäften gehalten wurde. Daraus entstund neue Unzufriedenheit, die Gemüther verhezten sich immer mehr gegen einander, bis zulezt Albert seiner Frau mit ziemlich troknen Worten sagte: sie möchte, wenigstens um der Leute willen, dem Umgange mit Werthern eine andere Wendung geben, und seine allzuöfteren Besuche abschneiden.«

Der Erstfassung nach macht sich Albert der Vernachlässigung Lottes schuldig: »[...] der freundliche Umgang mit ihr subordinirte sich nach und nach seinen Geschäften.« »Werthers Aufmerksamkeiten für Lotten« waren ihm »ein stiller Vorwurf«, »der üble Humor vermehrt« sich in Albert, bis er »mit ziemlich troknen Worten« von Lotte eine Änderung

verlangt. – In der Zweitfassung dagegen distanziert sich der Herausgeber gleich zu Anfang seines Berichts durch die Bemerkung, daß Meinung und Urteil »über die Sinnesarten der handelnden Personen« geteilt seien. Er belastet Werther, indem er ihn »immer ungerechter« gegen Albert nennt und sagt, daß er Albert »nicht habe beurteilen können«. Albert wird durch das Wort seiner Freunde entschuldigt: »Albert, sagen sie, hatte sich in so kurzer Zeit nicht verändert« und: »War es ihm [...] zu verdenken, wenn er [...] mit niemand [...] zu teilen Lust hatte?« – Der Herausgeber rückt also von Werther ab und wertet Albert vor dem Leser auf.
In der Zweitfassung folgt auf diese Stelle zuerst der letzte Teil der Bauernburschepisode, dann eine weitere Erklärung der Gründe, die Werther zum Selbstmord bewegten, endlich die Mitteilung von Werthers Entschluß. In der Erstfassung folgt die Mitteilung des Selbstmordentschlusses unmittelbar auf die oben wiedergegebene Stelle; die Gründe werden erst später dargelegt:

»Ohngefähr um diese Zeit hatte sich der Entschluß, diese Welt zu verlassen, in der Seele des armen Jungen näher bestimmt. Es war von je her seine Lieblingsidee gewesen, mit der er sich, besonders seit der Rükkehr zu Lotten, immer getragen.
Doch sollte es keine übereilte, keine rasche That seyn, er wollte mit der besten Ueberzeugung, mit der möglichsten ruhigen Entschlossenheit diesen Schritt thun.«

Wieder stellt die Zweitfassung ein Abrücken des Herausgebers dar. Aus »der Seele des armen Jungen« wird kühler »Werthers Seele«. Werthers Einstellung zum Freitod wird deutlicher im Konjunktiv wiedergegeben: »es solle keine [...] rasche Tat sein, er wolle mit der besten Überzeugung [...] diesen Schritt tun«. In der Zweitfassung legt der Herausgeber Wert darauf, diese Sätze klar als Bericht zu kennzeichnen, identifizieren will er sich damit nicht.
Werthers »Verdruß bei der Gesandtschaft« wird in der Zweitfassung nur im Rahmen dessen, »was ihm sonst mißlungen war,« aufgezählt. In der Erstfassung dagegen war Werthers »Ehre dadurch unwiederbringlich gekränkt« und somit dieses Erlebnis ein weitaus gewichtigerer Beweggrund (vgl. S. 115,33–116,11):

»Den Verdruß, den er bey der Gesandtschaft gehabt, konnte er nicht vergessen. Er erwähnte dessen selten, doch wenn es auch auf die entfernteste Weise geschah, so konnte man fühlen, daß er seine Ehre dadurch unwiederbringlich gekränkt hielte, und daß ihm dieser Vorfall eine Abneigung gegen alle Geschäfte und politische Wirksamkeit gegeben hatte. Daher überließ er sich ganz der wunderbaren Empfind- und Denkensart, die wir aus seinen Briefen kennen, und einer endlosen Leidenschaft, worüber noch endlich alles, was thätige Kraft an ihm war, verlöschen mußte. Das ewige einerley eines traurigen Umgangs mit dem liebenswürdigen und geliebten Geschöpfe, dessen Ruhe er störte, das stürmende Abarbeiten seiner Kräfte, ohne Zwek und Aussicht, drängten ihn endlich zu der schröklichen That.«

Größere Umformungen erfuhren auch der Anfang der Beschreibung von Werthers letztem Besuch bei Lotte und die Szene zwischen Lotte und Albert nach dessen Rückkehr. In der Erstfassung berichtet der Herausgeber über Werthers Besuch (vgl. S. 125,18–127,17):

»Um halb sieben gieng er nach Albertens Hause, und fand Lotten allein, die über seinen Besuch sehr erschrokken war. Sie hatte ihrem Manne im Diskurs gesagt, daß Werther vor Weyhnachtsabend nicht wiederkommen würde. Er ließ bald darauf sein Pferd satteln, nahm von ihr Abschied und sagte, er wolle zu einem Beamten in der Nachbarschaft reiten, mit dem er Geschäfte abzuthun habe, und so machte er sich truz der übeln Witterung fort. Lotte, die wohl wußte, daß er dieses Geschäft schon lange verschoben hatte, daß es ihn eine Nacht von Hause halten würde, verstund die Pantomime nur allzu wohl und ward herzlich betrübt darüber. Sie saß in ihrer Einsamkeit, ihr Herz ward weich, sie sah das Vergangene, fühlte all ihren Werth, und ihre Liebe zu ihrem Manne, der nun statt des versprochenen Glüks anfieng das Elend ihres Lebens zu machen. Ihre Gedanken fielen auf Werthern. Sie schalt ihn, und konnte ihn nicht hassen. Ein geheimer Zug hatte ihr ihn vom Anfange ihrer Bekanntschaft theuer gemacht, und nun, nach so viel Zeit, nach so manchen durchlebten Situationen, mußte sein Eindruk unauslöschlich in ihrem Herzen seyn. Ihr gepreßtes

Herz machte sich endlich in Thränen Luft und gieng in eine stille Melancholie über, in der sie sich je länger je tiefer verlohr.

Aber wie schlug ihr Herz, als sie Werthern die Treppe herauf kommen und außen nach ihr fragen hörte. Es war zu spät, sich verläugnen zu lassen, und sie konnte sich nur halb von ihrer Verwirrung ermannen, als er ins Zimmer trat. Sie haben nicht Wort gehalten! rief sie ihm entgegen. Ich habe nichts versprochen, war seine Antwort. So hätten Sie mir wenigstens meine Bitte gewähren sollen, sagte sie, es war Bitte um unserer beyder Ruhe willen. Indem sie das sprach, hatte sie bey sich überlegt, einige ihrer Freundinnen zu sich rufen zu lassen. Sie sollten Zeugen ihrer Unterredung mit Werthern seyn, und Abends, weil er sie nach Hause führen mußte, ward sie ihn zur rechten Zeit los. Er hatte ihr einige Bücher zurük gebracht, sie fragte nach einigen andern, und suchte das Gespräch in Erwartung ihrer Freundinnen, allgemein zu erhalten, als das Mädgen zurük kam und ihr hinterbrachte, wie sie sich beyde entschuldigen ließen, die eine habe unangenehmen Verwandtenbesuch, und die andere möchte sich nicht anziehen, und in dem schmuzigen Wetter nicht gerne ausgehen.

Darüber ward sie einige Minuten nachdenkend, bis das Gefühl ihrer Unschuld sich mit einigem Stolze empörte. Sie bot Albertens Grillen Truz, und die Reinheit ihres Herzens gab ihr eine Festigkeit, daß sie nicht, wie sie anfangs vorhatte, ihr Mädgen in die Stube rief, sondern, nachdem sie einige Menuets auf dem Clavier gespielt hatte, um sich zu erholen, und die Verwirrung ihres Herzens zu stillen, sich gelassen zu Werthern auf's Canapee sezte. Haben Sie nichts zu lesen, sagte sie. Er hatte nichts.«

Der Zusammenhang zwischen Werthers vermeintlichem Ausbleiben und Alberts Reise ist hier ganz klar herausgestellt. Alberts Abschied ist für Lotte eine beleidigende »Pantomime«. Der Mann, »der nun statt des versprochenen Glüks anfieng das Elend ihres Lebens zu machen«, verletzte sie so sehr, daß »das Gefühl ihrer Unschuld sich mit einigem Stolze empörte. Sie bot Albertens Grillen Truz«. – Albert ist hier so wenig liebenswürdig dargestellt, daß er schwerlich das Wohlwollen des Lesers gewinnen kann; er ist zwar im Recht,

aber nicht frei von Schuld an der mißlichen Zuspitzung im Verhältnis der Personen zueinander.
Übereinstimmend mit diesem nachteiligen Bild schildert die Erstfassung Alberts Rückkehr (vgl. S. 139,15–142,2):

»Die liebe Frau hatte die lezte Nacht wenig geschlafen, ihr Blut war in einer fieberhaften Empörung, und tausenderley Empfindungen zerrütteten ihr Herz. Wider ihren Willen fühlte sie tief in ihrer Brust das Feuer von Werthers Umarmungen, und zugleich stellten sich ihr die Tage ihrer unbefangenen Unschuld, des sorglosen Zutrauens auf sich selbst in doppelter Schöne dar, es ängstigten sie schon zum voraus die Blikke ihres Manns, und seine halb verdrüßlich halb spöttische Fragen, wenn er Werthers Besuch erfahren würde; sie hatte sich nie verstellt, sie hatte nie gelogen, und nun sah sie sich zum erstenmal in der unvermeidlichen Nothwendigkeit; der Widerwillen, die Verlegenheit die sie dabey empfand, machte die Schuld in ihren Augen grösser, und doch konnte sie den Urheber davon weder hassen, noch sich versprechen, ihn nie wieder zu sehn. Sie weinte bis gegen Morgen, da sie in einen matten Schlaf versank, aus dem sie sich kaum aufgeraft und angekleidet hatte, als ihr Mann zurükkam, dessen Gegenwart ihr zum erstenmal ganz unerträglich war; denn indem sie zitterte, er würde das verweinte überwachte ihrer Augen und ihrer Gestalt entdekken, ward sie noch verwirrter, bewillkommte ihn mit einer heftigen Umarmung, die mehr Bestürzung und Reue, als eine auffahrende Freude ausdrükte, und eben dadurch machte sie die Aufmerksamkeit Albertens rege, der, nachdem er einige Briefe und Pakets erbrochen, sie ganz trokken fragte, ob sonst nichts vorgefallen, ob niemand da gewesen wäre? Sie antwortete ihm stokkend, Werther seye gestern eine Stunde gekommen. – Er nimmt seine Zeit gut, versezt er, und ging nach seinem Zimmer. Lotte war ein Viertelstunde allein geblieben. Die Gegenwart des Mannes, den sie liebte und ehrte, hatte einen neuen Eindruk in ihr Herz gemacht. Sie erinnerte sich all seiner Güte, seines Edelmuths, seiner Liebe, und schalt sich, daß sie es ihm so übel gelohnt habe. Ein unbekannter Zug reizte sie ihm zu folgen, sie nahm ihre Arbeit, wie sie mehr gethan hatte, ging nach seinem Zimmer und fragte, ob er was bedürfte? er antwortete: nein! stellte sich an Pult zu schreiben, und sie sezte sich nieder zu strikken. Eine Stunde waren sie auf diese Weise neben einander, und als Albert etlichemal in der Stube auf und ab ging, und Lotte ihn anredete, er aber wenig oder nichts drauf gab und sich wieder an Pult stellte, so verfiel sie in eine Wehmuth, die ihr um desto ängstlicher ward, als sie solche zu verbergen und ihre Thränen zu verschlukken suchte.«

Neben den hier aufgezeigten inhaltlichen Änderungen brachte die Überarbeitung eine durchgehende Glättung des Sprachstils. Himburg, von dessen Text Goethe ausging, hatte bereits die vielen Verkürzungen und Apostrophierungen der originalen Erstfassung rückgängig gemacht und üblichere Schreibweisen eingeführt. Goethe ließ beides gelten. Er tilgte dazu Kraftausdrücke, vor allem das Modewort ›Kerl‹, und verminderte die mundartlichen Wendungen, nahm auch ausgefallene Wortstellungen zurück und verkürzte einige Perioden, so daß die neue Lesart aus den achtziger Jahren nicht mehr wie die erste wirklich die Sprachgebung des Sturm und Drang dokumentiert.

3. Paralipomena

Die Gesänge Ossians hatte Goethe im Winter 1770/71 in Straßburg durch Herder kennengelernt und, noch ehe er nach Wetzlar kam, auszugsweise übersetzt; was er davon später in den »Werther« aufnahm, ist eine Neubearbeitung. Der erste Absatz aus den »Gesängen von Selma« in englischer Sprache und die erste Übersetzung mögen Einblick in Goethes Behandlung der Vorlage geben. Beide Texte sind mit dem ersten Absatz der Übersetzung Werthers im Roman S. 127,25–35) zu vergleichen:

The Songs of Selma

Star of descending night! fair is thy light in the west! thou that liftest thy unshorn head from thy cloud: thy steps are stately on thy hill. What dost thou behold in the plain? The stormy winds are laid. The murmur of the torrent comes from afar. Roaring waves climb the distant rock. The flies of evening are on their feeble wings: the hum of their course is on the field. What dost thou behold, fair light? But thou dost smile and depart. The waves come with joy around thee: they bathe thy lovely hair. Farewell, thou silent beam! Let the light of Ossian's soul arise!

Die Gesänge von Selma

Stern der niedersinckenden Nacht! Schön ist dein Licht im Westen! Du hebest dein lockiges Haupt aus deiner Wolcke: ruhig wandelst du über deinen Hügel. Was siehst du nach der Ebne? Es ruhen die stürmischen Winde. Das Murmeln der Ströme kommt aus der Ferne. Brüllende Wellen klettern den entlegenen Felsen hinan. Die Fligen des Abends schweben auf ihren zarten Schwingen, das Summen ihres Zug's ist über dem Feld. Wo nach blickst du, schönes Licht? Aber du lächlest und gehst. Fahrewohl du schweigender Stral. Dass das Licht in Ossian's Seele heraufsteige.

Fünfzig Jahre nach dem Erscheinen des »Werther« veranstaltete der Leipziger Verlag eine Jubiläumsausgabe und bat Goethe, eine Vorrede dafür zu schreiben. Goethe entsprach dem Wunsch mit dem Gedicht »An Werther«. Das Gedicht steht in der Ausgabe der letzten Hand (1827) unter dem Obertitel »Trilogie der Leidenschaft« vor einer früher geschriebenen »Elegie«.

Gedicht anstelle der Vorrede zur Jubiläumsausgabe 1824

Noch einmal wagst du, vielbeweinter Schatten,
Hervor dich an das Tageslicht,
Begegnest mir auf neubeblümten Matten,
Und meinen Anblick scheust du nicht.
Es ist, als ob du lebtest in der Frühe,
Wo uns der Tau auf *einem* Feld erquickt
Und nach des Tages unwillkommner Mühe
Der Scheidesonne letzter Strahl beglückt.
Zum Bleiben ich, zum Scheiden du erkoren,
Gingst du voran – und hast nicht viel verloren.

Des Menschen Leben scheint ein herrlich Los:
Der Tag wie lieblich! so die Nacht wie groß!
Und wir, gepflanzt in Paradieses Wonne,
Genießen kaum der hocherlauchten Sonne,
Da kämpft sogleich verworrene Bestrebung
Bald mit uns selbst und bald mit der Umgebung;
Keins wird vom andern wünschenswert ergänzt,
Von außen düstert's, wenn es innen glänzt,
Ein glänzend Äußres deckt ein trüber Blick,
Da steht es nah – und man verkennt das Glück.

Nun glauben wir's zu kennen! Mit Gewalt
Ergreift uns Liebreiz weiblicher Gestalt:
Der Jüngling, froh wie in der Kindheit Flor,
Im Frühling tritt als Frühling selbst hervor,
Entzückt, erstaunt, wer dies ihm angetan?
Er schaut umher, die Welt gehört ihm an.
Ins Weite zieht ihn unbefangne Hast,
Nichts engt ihn ein, nicht Mauer, nicht Palast;
Wie Vögelschar an Wäldergipfeln streift,
So schwebt auch er, der um die Liebste schweift,
Er sucht vom Äther, den er gern verläßt,
Den treuen Blick, und dieser hält ihn fest.

Doch erst zu früh und dann zu spät gewarnt,
Fühlt er den Flug gehemmt, fühlt sich umgarnt;
Das Wiedersehn ist froh, das Scheiden schwer,
Das Wieder-Wiedersehn beglückt noch mehr,
Und Jahre sind im Augenblick ersetzt;
Doch tückisch harrt das Lebewohl zuletzt.

Du lächelst, Freund, gefühlvoll, wie sich ziemt:
Ein gräßlich Scheiden machte dich berühmt;
Wir feierten dein kläglich Mißgeschick,
Du ließest uns zu Wohl und Weh zurück;
Dann zog uns wieder ungewisse Bahn
Der Leidenschaften labyrinthisch an;
So wir, verschlungen wiederholter Not,
Dem Scheiden endlich – Scheiden ist der Tod!
Wie klingt es rührend, wenn der Dichter singt,
Den Tod zu meiden, den das Scheiden bringt!

Verstrickt in solche Qualen, halbverschuldet,
Geb ihm ein Gott zu sagen, was er duldet.

Als Antwort auf Christoph Friedrich Nicolais spießerische Kritik am »Werther« (s. Wertheriaden, Kap. V, 4) schrieb Goethe mehrere Schmähgedichte, von denen er die derbsten unter dem Stichwort »Invectiven« in seinen unveröffentlichten Papieren behielt; zum Beispiel das folgende Gedicht:

Nicolai auf Werthers Grabe, 1775

»Freuden des jungen Werthers«

Ein junger Mensch, ich weiß nicht wie,
Starb einst an der Hypochondrie
Und ward denn auch begraben.
Da kam ein schöner Geist herbei,
Der hatte seinen Stuhlgang frei,
Wie's denn so Leute haben.
Der setzt' notdürftig sich aufs Grab
Und legte da sein Häuflein ab,
Beschaute freundlich seinen Dreck,
Ging wohl eratmet wieder weg
Und sprach zu sich bedächtiglich:
»Der gute Mensch, wie hat er sich verdorben!
Hätt er geschissen so wie ich,
Er wäre nicht gestorben!«

»Die Leiden des jungen Werther«
an Nicolai
1775

Mag jener dünkelhafte Mann
Mich als gefährlich preisen:
Der Plumpe, der nicht schwimmen kann,
Er will's dem Wasser verweisen!
Was schiert mich der Berliner Bann,
Geschmäcklerpfaffenwesen!
Und wer mich nicht verstehen kann,
Der lerne besser lesen.[3]

3. Diese Verse hat Goethe in »Dichtung und Wahrheit« veröffentlicht. Er teilt dort mit, daß sie in Anlehnung an »einen alten Reim« entstan-

Stoßgebet

Vor Werthers Leiden,
Mehr noch vor seinen Freuden
Bewahr uns, lieber Herre Gott!

den. Wie R. Boxberger und R. Hildebrand herausfanden, ist der alte Reim Eike von Repgows Vorrede zum »Sachsenspiegel«:

Sver mine lere nene vernemet,
wil he min buch bescelten san,
So tut he das ime missetzemet;
wenne sver so svümmen nicht ne kan,
Wil he deme wazzere wizen daz,
so ist her unversunnen.
Se leren das se lesen baz,
die ez vernemen nicht ne künnen.

III. Die historisch-biographischen Grundlagen

Nachdem Goethe 1771 seine juristischen Studien in Straßburg abgeschlossen hatte, ging er zunächst nach Frankfurt, um in lockerer Zusammenarbeit mit seinem Vater eine Anwaltspraxis zu führen.
Es zeigte sich sehr bald, daß größere Berufserfahrung nützlich wäre. Daher riet ihm sein Vater, nach Wetzlar an das Reichskammergericht zu gehen, an dem schon der Großvater Johann Wolfgang Textor vor 55 Jahren und später der Vater als Praktikant tätig gewesen waren. Das Städtchen hatte um 1750 etwa 4 000 Einwohner, von denen 900 durch schwarze Roben als Juristen auffielen.
Goethe verbrachte die Zeit von Mai bis September 1772 in Wetzlar. Der Kammergerichtssekretär Christian Kestner (1741–1800), der Goethes Freund und Charlotte Buffs Gatte werden sollte, gibt uns eine Charakteristik des damals noch unbekannten Dichters (Briefentwurf aus dem Frühjahr 1772):

»Im Frühjahr kam hier ein gewisser Goethe aus Franckfurt, seiner Handthierung nach Dr. Juris, 23 Jahr alt, einziger Sohn eines sehr reichen Vaters, um sich hier – dieß war seines Vaters Absicht – in Praxi umzusehen, der seinigen nach aber, den Homer, Pindar etc. zu studiren, und was sein Genie, seine Denkungsart und sein Herz ihm weiter für Beschäftigungen eingeben würden.
Gleich Anfangs kündigten ihn die hiesigen schönen Geister als einen ihrer Mitbrüder und als Mitarbeiter an der neuen Franckfurter Gelehrten Zeitung, beyläufig auch als Philosophen im Publico an, und gaben sich Mühe mit ihm in Verbindung zu stehen. [. . .]
Einer der vornehmsten unserer schönen Geister, Legationssecretär Gotter, beredete mich einst nach Garbenheim, einem Dorf, gewöhnlichem Spaziergang, mit ihm zu gehen. Daselbst fand ich ihn im Grase unter einem Baume auf dem Rücken liegen, indem er sich mit einigen Umstehenden, einem Epicuräischen Philosophen (v. Goué, großes Genie), einem stoischen Philosophen (v. Kielmansegge) und einem Mitteldinge von beyden (Dr. König) unterhielt [. . .]

Ansicht von Wetzlar.
Kolorierter Aquatintastich um 1815 von Fr. Chr. Reinermann.

Goethe 1773.
Kupferstich von Gottfried Saiter nach einem Gemälde von J. D. Bager in der Staatsbibliothek Wien.

Er hat sehr viel Talente, ist ein wahres Genie, und ein Mensch von Charakter; besitzt eine außerordentlich lebhafte Einbildungskraft, daher er sich meistens in Bildern und Gleichnissen ausdrückt. [...]
Er ist in allen seinen Affecten heftig, hat jedoch oft viel Gewalt über sich. Seine Denkungsart ist edel; von Vorurtheilen so viel frey, handelt er, wie es ihm einfällt, ohne sich darum zu bekümmern, ob es Andern gefällt, ob es Mode ist, ob es die Lebensart erlaubt. Aller Zwang ist ihm verhaßt.
Er liebt die Kinder und kann sich mit ihnen sehr beschäftigen. Er ist bizarre und hat in seinem Betragen, seinem Aeußerlichen verschiedenes, das ihn unangenehm machen könnte. Aber bey Kindern, bey Frauenzimmern und vielen Andern ist er doch wohl angeschrieben. [...]
Er hat schon viel gethan und viele Kenntnisse, viel Lectüre; aber doch noch mehr gedacht und raisonnirt. Aus den schönen Wissenschaften und Künsten hat er sein Hauptwerck gemacht, oder vielmehr aus allen Wissenschaften, nur nicht den sogenannten Brodwissenschaften.«

(Kestner, S. 35)

Die Ähnlichkeit dieses Charakterbildes mit der Darstellung Werthers ist kaum zu übersehen. – J e r u s a l e m , der das Vorbild zu Werther im zweiten Teil des Romans gab und der Goethe schon aus den Leipziger Studienjahren kannte, urteilte weniger vorteilhaft:

An Eschenburg, vom 18. Juli 1772:

»Jetzt ist unser kleiner Leipziger Consul Born [...] hier. [...] Bei ihm ist sein Freund Göden. Er war zu unserer Zeit in Leipzig und ein Geck, jetzt ist er noch ausserdem Frankfurter Zeitungs-Schreiber.«

(Gräf, S. 598, 32 f.)

Die Frau des Deutschordens-Amtmannes Heinrich Adam Buff war im März 1771 gestorben und hatte zwölf Kinder hinterlassen. Lotte, die zweitälteste der Töchter, führte jetzt anstelle der Mutter den Haushalt und sorgte für die Geschwister. Goethe lernte Charlotte Buff anläßlich eines Balles in Volpertshausen am 9. Juni 1772 kennen. Von da an verband ihn eine enge Freundschaft mit dem tüchtigen Mädchen, dessen Geschwistern und dem Bräutigam Christian

Charlotte Kestner, geborene Buff.
Lithographie von Giere nach dem Pastellbild von J. Heinrich Schröder 1782.

Kestner, der die fünfzehnjährige Lotte in ihrem Familienkreis beschrieb:

An seinen früheren Hauslehrer, Ende 1767 oder Anfang 1768:

»Zwey Töchter sind erwachsen, von 18 und 16 Jahren. Diese, so wie alle Kinder, sind ihrer Mutter würdig. Alle blondes Haar und blaue Augen; eines hübscher wie das andere; nach den Kleinen könnte ein Maler Liebesgötter zeichnen. Die älteste ist ziemlich regelmäßig schön, still, ruhig, von sanftem Charackter etc. etc. Die zweyte muß jener, wenn man sie nach Regeln beurtheilen will, weichen, ist aber nichts desto weniger reitzender und einnehmender. Sie hat ein fühlendes, weiches Herz. So wie überhaupt ihr (und aller Geschwister) Bau des Körpers zärtlich ist, so ist ihre Seele auch. Mitleidig gegen alle Unglücklichen, gefällig und bereit jedermann zu dienen, versöhnlich, gerührt wenn sie glaubt jemand beleidigt zu haben, gutthätig, freundlich und höflich; freudig wenn jemanden etwas gutes begegnet, gar nicht neidisch (wie unter jungen, auch alten Frauenzimmern sonst gewöhnlich ist). Dabey eine aufgeweckte, lebhafte Seele, geschwinde Begriffe, Gegenwart des Geistes, froh und immer vergnügt; und dieses nicht für sich allein, nein, alles was um sie ist, macht sie vergnügt, durch Gespräche, durch lustige Einfälle, durch eine gewisse Laune oder Humor.«

(Kestner, S. 289 f.)

Später lobte Kestner die natürliche Autorität der Neunzehnjährigen:

An v. Hennings, vom 18. November 1772:

»An sie wandte sich alles, auf ihr Wort geschah alles, und jedes folgte ihrer Anordnung, ja ihrem Wink; und was das vornehmste war, es schien als wenn die Weisheit ihrer Mutter ihr zum Erbtheil geworden wäre. Bis diese Stunde hat sich solches erhalten; Sie ist die Stütze der Familie, die Liebe, die Achtung derer, die dazu gehören, und das Augenmerk derer, welche dahin kommen. – Ich sage ihnen, es ist ein halbes Wunderwerk, ohngeachtet weder sie selbst, noch die Familie, es merkt, und jedes meynt es müßte so seyn.«

(Kestner, S. 76)

Goethe erinnert sich 1812/13 des Sommers in Wetzlar. Über Lotte schreibt er:

»Nach dem Tode ihrer Mutter hatte sie sich als Haupt einer zahlreichen jüngeren Familie höchst tätig erwiesen und den Vater in seinem Witwerstand allein aufrecht erhalten, so daß ein künftiger Gatte von ihr das gleiche für sich und seine Nachkommenschaft hoffen und ein entschiedenes häusliches Glück erwarten konnte. Ein jeder gestand, auch ohne diese Lebenszwecke eigennützig für sich im Auge zu haben, daß sie ein wünschenswertes Frauenzimmer sei. Sie gehörte zu denen, die, wenn sie nicht heftige Leidenschaften einflößen, doch ein allgemeines Gefallen zu erregen geschaffen sind. Eine leicht aufgebaute, nett gebildete Gestalt, eine reine gesunde Natur und die daraus entspringende frohe Lebenstätigkeit, eine unbefangene Behandlung des täglich Notwendigen, das alles war ihr zusammen gegeben. [. . .]
Lotte – denn so wird sie denn doch wohl heißen – war anspruchslos in doppeltem Sinne: erst ihrer Natur nach, die mehr auf ein allgemeines Wohlwollen als auf besondere Neigungen gerichtet war, und dann hatte sie sich ja für einen Mann bestimmt, der, ihrer wert, sein Schicksal an das ihrige fürs Leben zu knüpfen sich bereit erklären mochte. Die heiterste Luft wehte in ihrer Umgebung.«

(Dichtung und Wahrheit, III, 12; hier und im folgenden zit. n. Hamburger Ausgabe)

Über Christian Kestner lesen wir in »Dichtung und Wahrheit« III, 12:

»Unter den jungen Männern, welche, der Gesandtschaft zugegeben, sich zu ihrem künftigen Dienstlauf vorüben sollten, fand sich einer, den wir kurz und gut den Bräutigam zu nennen pflegten. Er zeichnete sich aus durch ein ruhiges gleiches Betragen, Klarheit der Ansichten, Bestimmtheit im Handeln und Reden. Seine heitere Tätigkeit, sein anhaltender Fleiß empfahl ihn dergestalt den Vorgesetzten, daß man ihm eine baldige Anstellung versprach. Hiedurch berechtigt, unternahm er, sich mit einem Frauenzimmer zu verloben, das seiner Gemütsart und seinen Wünschen völlig zusagte. [. . .] Der Bräutigam, bei seiner durchaus rechtlichen und zutraulichen Sinnesart, machte jeden, den er schätzte, bald mit ihr bekannt, und sah gern, weil er den größten Teil des Tages den Geschäften eifrig oblag, wenn seine Verlobte, nach vollbrachten häuslichen Bemühungen, sich sonst unterhielt und sich gesellig auf Spaziergängen und Landpartien mit Freunden und Freundinnen ergetzte.«

Ein schärferes Bild von dem »Bräutigam« und seinem Lebensstil geben Kestners eigene Briefe:

An v. Hennings, vom 2. November 1768:

»Mein Gesandter ist, von allen die hier sind, der arbeitsamste und unermüdetste, doch habe ich ihm, bis jetzt wenigstens, Genüge geleistet. Die schönsten Augenblicke opfere ich der Arbeit oft auf. Der Gedanke an meine Geliebte versüßet sie mir. Mein Verlangen zu ihr zu eilen, verdoppelt meine Kräfte, und beschleunigt die Vollendung der Arbeit.«

(Kestner, S. 291)

An v. Hennings, vom 25. August 1770:

»Meine Geschäfte expediere ich so geschwind, wie möglich und erzwinge mir einige Muße. Ich gehe spät zu Bette, und stehe früh wieder auf. In solcher Muße ziehe ich meine Wissenschaften hervor, Arbeiten die meine Seele befriedigen Die anderen Uebel korrigire ich dadurch, daß ich mich in das politische Interesse nicht vertiefe. [. . .] – Für den Mangel an Geschmack und Empfindung, der hier herrscht, werde ich durch ein einziges schadlos gehalten. Dieses habe ich Ihnen schon längst geschrieben. Es ist die Familie meiner Charlotte Daher hole ich mir meine Geduld, meine Standhaftigkeit meine Ermunterung, mein Vergnügen. So oft ich vom Tische komme, um halb 2 oder 2 Uhr, ist mein Gang dahin gerichtet – da bleibe ich bis 3 Uhr – und kann durch diese Stunde ausruhn, die schwerste Arbeit ertragen. Abends, wenn die Arbeit erlaubt, gehe ich um 9 Uhr wieder dahin bis 11 Uhr Diese Stunden sind der Liebe, der Freundschaft und dem vertraulichen Gespräch gewidmet. Die Unschuld und Tugend setzt die Gränzen. – Die würdigste, die sanfteste und tugendhafteste Mutter hat ihre Kinder allezeit unter Augen und diese entziehen sich ihr nie. – Meine Charlotte bildet sich täglich mehr aus. Sie können denken, daß dieses einen

Blick in den Deutschordenshof, im Vordergrund die Amtmannswohnung (Lottehaus).
Zeichnung von Carl Stuhl um 1850, Städtisches Museum Wetzlar.

Mädchen von 18 Jahren einen Reiz giebt, welcher weit mehr bezaubert, als wenn sie die größte Schönheit wäre ...... Vielleicht wollen Sie wissen, wie weit unsere Verbindung gekommen. Sie ist wie sie war. Wir lieben uns. Wir haben uns eins für das andere auf immer bestimmt, aber ohne, daß eine sonst gewöhnliche Versprechung vorgegangen. Ich wünschte herzlich, daß wir uns bald noch näher verbinden könnten; aber ich muß zuvor eines genügenden Unterhaltes sicher seyn.«

(Kestner, S. 296–301)

Das enge Freundschaftsverhältnis zwischen Goethe, Lotte und Kestner wurde einerseits durch Kestners Großzügigkeit ermöglicht, andererseits durch die rein verehrende Neigung Goethes. Er schreibt darüber an Kestner und Lotte kurz nach deren Vermählung (eingegangen: Wetzlar, den 16. April 1773):

»Dass ihr erkennet und schauet. Wie ich mich an Lotten attachirte und das war ich wie ihr wisst von Herzen, redete Born mit mir davon, *wie man spricht.* ›Wenn ich K. wäre, mir gefiels nicht. Worauf kann das hinausgehn? Du spannst sie ihm wohl gar ab?‹ und dergleichen. Da sagt ich ihm, Mit diesen Worten in seiner Stube, es war des Morgens: ›Ich binn nun der Narr das Mädchen für was besonders zu halten, betrügt sie mich, und wäre so wie ordinair, und hätte den K. zum Fond ihrer Handlung um desto sicherer mit ihren Reizen zu wuchern, der erste Augenblick der mir das entdeckte, der erste der sie mir näher brächte, wäre der letzte unsrer Bekanntschafft‹, und das beteuert ich und schwur.«

(Kestner, S. 160)

Vierzig Jahre später erinnert sich Goethe in »Dichtung und Wahrheit« III, 12:

»Der neue Ankömmling, völlig frei von allen Banden, sorglos in der Gegenwart eines Mädchens, das, schon versagt, den gefälligsten Dienst nicht als Bewerbung auslegen und sich desto eher daran erfreuen konnte, ließ sich ruhig gehen, war aber bald dergestalt eingesponnen und gefesselt, und zugleich von dem jungen Paare so zutraulich und freundlich behandelt, daß er sich selbst nicht mehr kannte. Müßig und träumerisch, weil ihm keine Gegenwart genügte, fand er das, was ihm abging, in einer Freundin, die, indem sie fürs ganze Jahr lebte, nur für den Augenblick zu leben schien. Sie mochte ihn gern zu ihrem Begleiter; er konnte bald ihre Nähe nicht missen, denn sie vermittelte ihm die Alltagswelt, und so waren sie, bei einer ausgedehnten Wirtschaft, auf dem Acker und den Wiesen, auf dem Krautland wie im Garten, bald unzertrennliche Gefährten. Erlaubten es dem Bräutigam seine Geschäfte, so war er an seinem Teil dabei; sie hatten sich alle drei an einander gewöhnt, ohne es zu wollen, und wußten nicht, wie sie dazu kamen, sich nicht entbehren zu können. So lebten sie, den herrlichen Sommer hin, eine echt deutsche Idylle, wozu das fruchtbare Land die Prosa, und eine reine Neigung die Poesie hergab.«

Ganz überraschend und ohne erklärten Abschied reiste Goethe am 11. September 1772 aus Wetzlar ab, nachdem er am vorhergehenden Abend wie Werther im Brief vom 10. 9. 71 (S. 65 f.) mit seinen Freunden ein Gespräch über die Möglichkeit eines Wiedersehens nach dem Tode geführt hatte. In dem brieflichen Abschied an Lotte heißt es (vgl. das Faksimile dieser Zeilen S. 88):

»Wohl hoff ich wiederzukommen, aber Gott weis wann. Lotte wie war mirs bey deinem reden ums Herz, da ich wusste es ist das letztemal dass ich Sie sehe. Nicht das letztemal, und doch geh ich morgen fort. Fort ist er. Welcher Geist brachte euch auf den Diskurs. Da ich alles sagen durfte was ich fühlte, ach mir wars um Hienieden zu thun, um ihre Hand die ich zum letztenmal küsste. Das Zimmer in das ich nicht wiederkehren werde, und der liebe Vater der mich zum letztenmal begleitete. Ich binn nun allein, und darf weinen, ich lasse euch glücklich, und gehe nicht aus euren Herzen. Und sehe euch wieder, aber nicht morgen ist nimmer. Sagen Sie meinen Buben er ist fort. Ich mag nicht weiter.«

(Kestner, S. 45)

In »Dichtung und Wahrheit« III, 12 erklärt Goethe den schnellen Aufbruch folgenderweise:

»Auch dieses Verhältnis war durch Gewohnheit und Nachsicht leidenschaftlicher als billig von meiner Seite geworden;

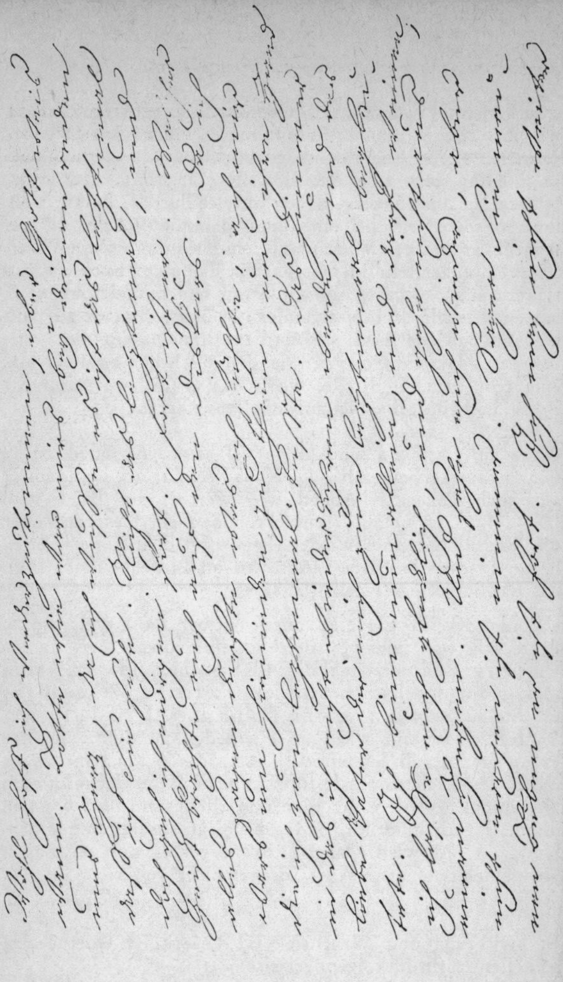

Durchzeichnung (stark verkleinert) von Goethes Abschiedsbrief an Lotte Buff.

sie dagegen und ihr Bräutigam hielten sich mit Heiterkeit in einem Maße, das nicht schöner und liebenswürdiger sein konnte, und die eben hieraus entspringende Sicherheit ließ mich jede Gefahr vergessen. Indessen konnte ich mir nicht verbergen, daß diesem Abenteuer sein Ende bevorstehe: denn von der zunächst erwarteten Beförderung des jungen Mannes hing die Verbindung mit dem liebenswürdigen Mädchen ab; und da der Mensch, wenn er einigermaßen resolut ist, auch das Notwendige selbst zu wollen übernimmt, so faßte ich den Entschluß, mich freiwillig zu entfernen, ehe ich durch das Unerträgliche vertrieben würde.«

Goethe wanderte der Lahn entlang nach Koblenz, um sich dort bei der Familie von La Roche mit seinem Darmstädter Freund Johann Heinrich Merck (1741–91) zu treffen, wie es kurz vorher bei einem Besuch Mercks in Wetzlar verabredet worden war. Die älteste Tochter des Geheimrats von La Roche, die damals sechzehnjährige Maximiliane (1756 bis 1793), gefiel Goethe. Er stellte fest:

»Es ist eine sehr angenehme Empfindung, wenn sich eine neue Leidenschaft in uns zu regen anfängt, ehe die alte noch ganz verklungen ist. So sieht man bei untergehender Sonne gern auf der entgegengesetzten Seite den Mond aufgehn und erfreut sich an dem Doppelglanze der beiden Himmelslichter.«

(Dichtung und Wahrheit, III, 13)

Die Züge Maximilianes mischen sich mit denen Charlotte Buffs zum Bilde Lottes im Roman. Maximiliane war liebenswürdig, heißt es in »Dichtung und Wahrheit« III, 13:

»[...] eher klein als groß von Gestalt, niedlich gebaut; eine freie anmutige Bildung, die schwärzesten Augen und eine Gesichtsfarbe, die nicht reiner und blühender gedacht werden konnte.«

Kaum zwei Jahre nach dieser Begegnung kam Maximiliane als zweite Frau des über 20 Jahre älteren Kaufmannes Peter Anton Brentano (1735–97) nach Frankfurt. Der jungen Frau aus der kunstsinnigen und schöngeistigen Familie fiel die Anpassung an die neuen Lebensumstände schwer, zumal damit die Sorge für Brentanos fünf Kinder verbunden war. Goethe schreibt:

»Mein früheres Verhältnis zur jungen Frau, eigentlich ein geschwisterliches, ward nach der Heirat fortgesetzt; meine Jahre sagten den ihrigen zu, ich war der einzige in dem ganzen Kreise, an dem sie noch einen Widerklang jener geistigen Töne vernahm, an die sie von Jugend auf gewöhnt war.«

(Dichtung und Wahrheit, III, 13)

Indessen, Brentano war nicht Kestner; er ließ keinen Zweifel daran, daß ihm Goethes Besuche unerwünscht seien. Die brüske Zurückweisung durch Brentano, die Goethe in »Dichtung und Wahrheit« taktvoll übergeht, versetzte ihn in die Lage, das Schicksal des jungen Jerusalem bei der Abfassung des »Werther« um so lebhafter nachzuempfinden.
Karl Wilhelm Jerusalem war als Sohn des Abts Jerusalem am 21. März 1747 in Wolfenbüttel geboren worden. Er besuchte 1760 in Braunschweig das Carolinum, ein Mittelding zwischen Schule und Universität. Zur selben Zeit wie Goethe (1765) nahm er in Leipzig das Studium der Rechte auf, das er zwei Jahre später in Göttingen fortsetzte und am 31. Mai 1770 mit dem Examen abschloß. Am 15. Juni wurde er in Wolfenbüttel als Assessor in sein Amt an der Justizkanzlei eingeführt.
Als August Friedrich v. Goué (1743–89) seines Sekretärpostens in Wetzlar enthoben wurde, trat Jerusalem im September 1771 seine Nachfolge an.
Bei der gemeinsamen Mittagstafel unterhielten sich die Angehörigen des Kammergerichts, indem sie die Rollen alter Ritter annahmen. Bei diesem Spiel war Goethes Name Götz, der Redliche; Jerusalem nannte man Masuren. Goué dramatisierte später das Schicksal seines Nachfolgers unter dem Titel: »Masuren, oder der junge Werther, ein Trauerspiel aus dem Illyrischen« (Frankfurt und Leipzig, 1775).
Jerusalem beschäftigte sich mit Malerei, Dichtung und Philosophie. Seine besten Bekannten in Wetzlar waren Nieper und Kielmannsegg. Letzterem gegenüber verteidigte er im Gespräch den Selbstmord.
Jerusalem hatte Schwierigkeiten mit seinem Vorgesetzten, dem braunschweigischen Gesandten von Höfler; er liebte unerwidert Elisabeth Herd, die Gattin des Pfalz-Lauternschen Gesandtschaftssekretärs, und erschoß sich in der Nacht

vom 29. zum 30. Oktober 1772. Er starb mittags und wurde abends beerdigt.
Goethe schrieb über ihn:

»Auch er war bei einer Gesandtschaft angestellt: seine Gestalt gefällig, mittlerer Größe, wohlgebaut; ein mehr rundes als längliches Gesicht; weiche ruhige Züge und was sonst noch einem hübschen blonden Jüngling zukommen mag; blaue Augen sodann, mehr anziehend als sprechend zu nennen. Seine Kleidung war die unter den Niederdeutschen, in Nachahmung der Engländer, hergebrachte: blauer Frack, ledergelbe Weste und Unterkleider, und Stiefeln mit braunen Stolpen. Der Verfasser hat ihn nie besucht, auch nicht bei sich gesehen; manchmal traf er ihn bei Freunden. Die Äußerungen des jungen Mannes waren mäßig, aber wohlwollend. Er nahm an den verschiedensten Produktionen teil; besonders liebte er solche Zeichnungen und Skizzen, in welchen man einsamen Gegenden ihren stillen Charakter abgewonnen hatte. Er teilte bei solchen Gelegenheiten Geßnersche Radierungen mit, und munterte die Liebhaber auf, darnach zu studieren. An allem jenen Ritterwesen und Mummenspiel nahm er wenig oder keinen Anteil, lebte sich und seinen Gesinnungen. Man sprach von einer entschiedenen Leidenschaft zu der Gattin eines Freundes. Öffentlich sah man sie nie miteinander. Überhaupt wußte man wenig von ihm zu sagen, außer daß er sich mit der englischen Literatur beschäftigte. Als der Sohn eines wohlhabenden Mannes brauchte er sich weder ängstlich Geschäften zu widmen, noch um baldige Anstellung dringend zu bewerben.«

(Dichtung und Wahrheit, III, 12)

Als Goethe von Jerusalems Selbstmord erfuhr, war er sehr betroffen. Bei einem Besuch vom 6. bis 10. November 1772 in Wetzlar erhielt er »die genauste und umständlichste Beschreibung des Vorgangs«. Zusätzlich bat er Kestner um einen ausführlichen Bericht über Jerusalems Ende. Kestner schrieb:

»Jerusalem ist die ganze Zeit seines hiesigen Aufenthalts mißvergnügt gewesen, es sey nun überhaupt wegen der Stelle die er hier bekleidete, und daß ihm gleich Anfangs (bey Graf Bassenheim) der Zutritt in den großen Gesellschaften

auf eine unangenehme Art versagt worden, oder insbesondere wegen des Braunschweigischen Gesandten, mit dem er bald nach seiner Ankunft kundbar heftige Streitigkeiten hatte, die ihm Verweise vom Hofe zuzogen und noch weitere verdrießliche Folgen für ihn gehabt haben. Er wünschte längst, und arbeitete daran, von hier wieder wegzukommen; sein hiesiger Aufenthalt war ihm verhaßt [...]
Neben dieser Unzufriedenheit war er auch in des pfältz. Sekret. H... Frau verliebt. Ich glaube nicht, daß diese zu dergleichen Galanterien aufgelegt ist, mithin, da der Mann noch dazu sehr eifersüchtig war, mußte diese Liebe vollends seiner Zufriedenheit und Ruhe den Stoß geben.
Er entzog sich allezeit der menschlichen Gesellschaft und den übrigen Zeitvertreiben und Zerstreuungen, liebte einsame Spaziergänge im Mondenscheine, gieng oft viele Meilen weit und hieng da seinem Verdruß und seiner Liebe ohne Hoffnung nach. [...] Er hatte sich einst Nachts in einem Walde verirrt, fand endlich noch Bauern, die ihn zurechtwiesen, und kam um 2 Uhr zu Haus.
Dabey behielt er seinen ganzen Kummer bey sich, und entdeckte solchen, oder vielmehr die Ursachen davon, nicht einmahl seinen Freunden. Selbst dem Kielmansegge hat er nie etwas von der H.... gesagt, wovon ich aber zuverläßig unterrichtet bin.
Er las viel Romane, und hat selbst gesagt, daß kaum ein Roman seyn würde, den er nicht gelesen hätte. Die fürchterlichsten Trauerspiele waren ihm die liebsten. Er las ferner philosophische Schriftsteller mit großem Eyfer und grübelte darüber. Er hat auch verschiedene philosophische Aufsäze gemacht, die Kielmansegge gelesen und sehr von anderen Meinungen abweichend gefunden hat; unter andern auch einen besondern Aufsatz, worin er den Selbstmord vertheidigte. Oft beklagte er sich gegen Kielmansegge über die engen Gränzen, welche dem menschlichen Verstande gesetzt wären, wenigstens dem Seinigen; er konnte äußerst betrübt werden, wenn er davon sprach, was er wißen möchte, was er nicht ergründen könne etc. [...] Mendelsohns Phädon war seine liebste Lectüre; in der Materie vom Selbstmorde war er aber immer mit ihm unzufrieden; wobey zu bemerken ist, daß er denselben auch bey der Gewißheit von der

Unsterblichkeit der Seele, die er glaubte, erlaubt hielt. Leibnitzen's Werke las er mit großem Fleiße.
Als letzthin das Gerücht vom Goué sich verbreitete,[1] glaubte er diesen zwar nicht zum Selbstmorde fähig, stritt aber in Thesi eifrig für diesen, wie mir Kielmansegge, und viele, die um ihn gewesen, versichert haben. [...] Nachmittags (Dienstag) ist er bey Sekr. H... gewesen. Bis Abends 8 Uhr spielen sie Tarok zusammen. Annchen Brandt war auch da; Jerusalem begleitet diese nach Haus. Im Gehen schlägt Jerusalem oft unmuthsvoll vor die Stirn und sagt wiederholt: Wer doch erst todt, – wer doch erst im Himmel wäre! – Annchen spaßt darüber; er bedingt sich bey ihr im Himmel einen Platz, und beim Abschiednehmen sagt er: Nun es bleibt dabey, ich bekomme bey Ihnen im Himmel einen Platz.
Am Mittewochen, da im Kronprinz groß Fest war und jeder jemanden zu Gaste hatte, gieng er, ob er gleich sonst zu Haus aß, zu Tisch und brachte den Secr. H... mit sich. Er hat sich da nicht anders als sonst, vielmehr muntrer betragen. Nach dem Essen nimmt ihn Secret. H... mit nach Haus zu seiner Frau. Sie trinken Kaffee. Jerusalem sagt zu der H...: Liebe Frau Secretairin, dieß ist der letzte Kaffee, den ich mit Ihnen trinke. – Sie hält es für Spaß und antwortet in diesem Tone. Diesen Nachmittag (Mittwochs) ist Jerusalem allein bei H...s gewesen, was da vorgefallen, weiß man nicht; vielleicht liegt hierin der Grund zum folgenden.[2] [...]
Man will geheime Nachrichten aus dem Munde des Secret. H... haben, daß am Mittewochen vor Jerusalems Tode, da dieser beym H... und seiner Frau zum Kaffee war, der Mann zum Gesandten gehen müssen. Nachdem der Mann wieder kömmt, bemerckt er an seiner Frau eine ausserordentliche Ernsthaftigkeit und bey Jerusalem eine Stille, welche beyde ihm sonderbar und bedencklich geschienen, zumal da er sie nach seiner Zurückkunft so sehr verändert findet. – Jerusalem geht weg. Secret. H... macht über obiges seine Betrachtungen; er faßt Argwohn, ob etwa in seiner Abwesenheit etwas ihm nachtheiliges vorgegangen sein möchte,

1. Von Goués vermeintlichem Selbstmord; vgl. Kap. IV, 1.
2. Der folgende Absatz entstammt einem Nachtrag zu dem Bericht.

denn er ist sehr argwöhnisch und eyfersüchtig. Er stellt sich jedoch ruhig und lustig; und will seine Frau auf die Probe stellen. Er sagt: Jerusalem habe ihn doch oft zum Essen gehabt, was sie meynte, ob sie Jerusalem nicht auch einmal zum Essen bey sich haben wollten? – Sie, die Frau, antwortet: Nein; und sie müßten den Umgang mit Jerusalem ganz abbrechen; er finge an sich so zu betragen, daß sie seinen Umgang ganz vermeiden müßte. Und sie hielte sich verbunden ihm, dem Manne, zu erzählen, was in seiner Abwesenheit vorgegangen sey. Jerusalem habe sich vor ihr auf die Knie geworfen und ihr eine förmliche Liebeserklärung thun wollen. Sie sey natürlicher Weise darüber aufgebracht worden und hätte ihm viele Vorwürfe gemacht etc. etc. Sie verlange nun, daß ihr Mann ihm, dem Jerusalem, das Haus verbieten solle, denn sie könne und wolle nichts weiter von ihm hören noch sehen.
Donnerstags Morgens schickt Secret. H... an Jerusalem ein Billet. Die Magd will keine Antwort abwarten und geht. Jerusalem hat sich eben rasiren lassen. Um 11 Uhr schickt Jerusalem wiederum ein Billet an Secret. H..., dieser nimmt es dem Bedienten nicht ab, und sagt, er brauche keine Antwort, er könne sich in keine Correspondenz einlassen, und sie sähen sich ja alle Tage auf der Dictatur. Als der Bediente das Billet unerbrochen wieder zurückbringt, wirft es Jerusalem auf den Tisch und sagt: es ist auch gut. [...] Schickt um 1 Uhr ein Billet an mich und zugleich an seinen Gesandten, worin er diesen ersucht, ihm auf diesen (oder künftigen) Monat sein Geld zu schicken. Der Bediente kommt zu mir. Ich bin nicht zu Hause, [...] es mogte 1/2 4 Uhr seyn, als ich das Billet bekam:
›Dürfte ich Ew. Wohlgeb. wohl zu einer vorhabenden Reise um ihre Pistolen gehorsamst ersuchen?

J.‹[3]

Da ich nun von alle dem vorher erzählten und von seinen Grundsätzen nichts wußte, indem ich nie besondern Umgang mit ihm gehabt – so hatte ich nicht den mindesten Anstand ihm die Pistolen sogleich zu schicken. [...]

3. Vgl. die Durchzeichnung auf Seite 95; die senkrechte Linie markiert einen Riß durch das Papier. Das Original nahm Goethe bei seinem Besuch vom 6. bis 11. November in Wetzlar an sich; heute liegt es in Weimar.

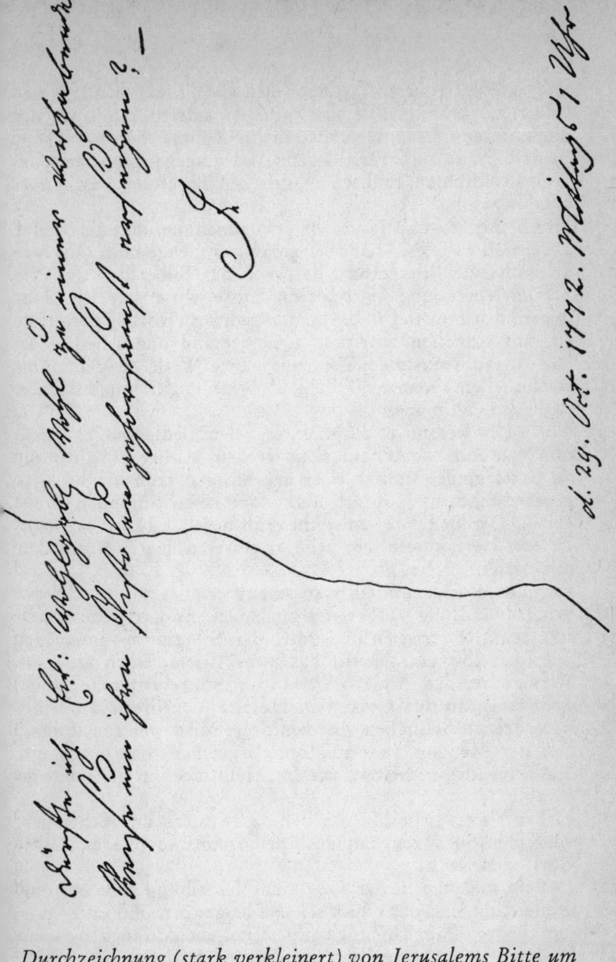

Durchzeichnung (stark verkleinert) von Jerusalems Bitte um Kestners Pistolen.
Die Linie markiert einen Riß durch das Blatt.

Den ganzen Nachmittag war Jerusalem für sich allein beschäftiget, kramte in seinen Papieren, schrieb, ging, wie die Leute unten im Hause gehört, oft im Zimmer heftig auf und nieder. Er ist auch verschiedene Mal ausgegangen, hat seine kleinen Schulden, und wo er nicht auf Rechnung ausgenommen, bezahlt [...]

Der Bediente ist zu Jerusalem gekommen, um ihm die Stiefel auszuziehen. Dieser hat aber gesagt, er gienge noch aus; wie er auch wirklich gethan hat, vor das Silberthor auf die Starke Weide, und sonst auf die Gasse, wo er bey Verschiedenen, den Hut tief in die Augen gedrückt, vorbey gerauscht ist, mit schnellen Schritten, ohne jemand anzusehen. Man hat ihn auch um diese Zeit eine ganze Weile an dem Fluß stehen sehen, in einer Stellung, als wenn er sich hineinstürzen wolle (so sagt man).

Vor 9 Uhr kommt er zu Haus, sagt dem Bedienten, es müsse im Ofen noch etwas nachgelegt werden, weil er so bald nicht zu Bette ginge, auch solle er auf Morgen früh 6 Uhr alles zurecht machen, läßt sich auch noch einen Schoppen Wein geben. Der Bediente, um recht früh bey der Hand zu seyn, da sein Herr immer sehr accurat gewesen, legt sich mit den Kleidern ins Bette.

Da nun Jerusalem allein war, scheint er alles zu der schrecklichen Handlung vorbereitet zu haben. Er hat seine Briefschaften alle zerrissen und unter den Schreibtisch geworfen, wie ich selbst gesehen. Er hat zwey Briefe, einen an seine Verwandte, den Andern an H... geschrieben; man meint auch einen an den Gesandten Höffler, den dieser vielleicht unterdrückt. Sie haben auf dem Schreibtisch gelegen. Erster, den der Medicus andern Morgens gesehen, hat überhaupt nur folgendes enthalten, wie Dr. Held, der ihn gelesen, mir erzählt:

Lieber Vater, liebe Mutter, liebe Schwestern und Schwager, verzeihen Sie Ihrem unglücklichen Sohn und Bruder; Gott, Gott, segne euch!

In dem zweyten hat er H... um Verzeihung gebeten, daß er die Ruhe und das Glück seiner Ehe gestört, und unter diesem theuren Paar Uneinigkeit gestiftet etc. Anfangs sey seine Neigung gegen seine Frau nur Tugend gewesen etc. In der Ewigkeit aber hoffe er ihr einen Kuß geben zu dürfen etc. Er soll drey Blätter groß gewesen seyn, und sich damit ge-

schlossen haben: ›Um 1 Uhr. In jenem Leben sehen wir uns wieder.‹ (Vermuthlich hat er sich sogleich erschossen, da er diesen Brief geendigt.)
Diesen ungefähren Inhalt habe ich von jemand, dem der Gesandte Höffler ihn im Vertrauen gesagt, welcher daraus auf einen würklich strafbaren Umgang mit der Frau schliessen will. Allein bey H... war nicht viel erforderlich, um seine Ruhe zu stören und eine Uneinigkeit zu bewürken. Der Gesandte, deucht mich, sucht auch die Aufmerksamkeit ganz von sich, auf diese Liebesbegebenheit zu lenken, da der Verdruß von ihm wohl zugleich Jerusalem determinirt hat; zumal da der Gesandte verschiedentlich auf die Abberufung des Jerusalem angetragen, und ihm noch kürzlich starke reprochen vom Hofe verursacht haben soll. Hingegen hat der Erbprinz von Braunschweig, der ihm gewogen gewesen, vor Kurzem geschrieben, daß er sich hier noch ein wenig gedulden mögte, und wenn er Geld bedürfe, es ihm nur schreiben sollte, ohne sich an seinen Vater, den Herzog, zu wenden.
Nach diesen Vorbereitungen, etwa gegen 1 Uhr, hat er sich denn über das rechte Auge hinein durch den Kopf geschossen. Man findet die Kugel nirgends. Niemand im Hause hat den Schuß gehört; sondern der Franciskaner Pater Guardian, der auch den Blick vom Pulver gesehen, weil es aber stille geworden, nicht darauf geachtet hat. Der Bediente hatte die vorige Nacht wenig geschlafen und hat sein Zimmer weit hinten hinaus, wie auch die Leute im Haus, welche unten hinten hinaus schlafen.
Es scheint sitzend im Lehnstuhl vor seinem Schreibtisch geschehen zu seyn. Der Stuhl hinten im Sitz war blutig, auch die Armlehnen. Darauf ist er vom Stuhle heruntergesunken, auf der Erde war noch viel Blut. Er muß sich auf der Erde in seinem Blute gewälzt haben; erst beym Stuhle war eine große Stelle von Blut; die Weste vorn ist auch blutig; er scheint auf dem Gesichte gelegen zu haben; dann ist er weiter, um den Stuhl herum, nach dem Fenster hin gekommen, wo wieder viel Blut gestanden, und er auf dem Rücken entkräftet gelegen hat. (Er war in völliger Kleidung, gestiefelt, im blauen Rock mit gelber Weste.)
Morgens vor 6 Uhr geht der Bediente zu seinem Herrn ins Zimmer, ihn zu wecken; das Licht war ausgebrannt, es war dunkel, er sieht Jerusalem auf der Erde liegen, bemerkt

etwas Nasses, und meynt er möge sich übergeben haben; wird aber die Pistole auf der Erde, und darauf Blut gewahr, ruft: Mein Gott, Herr Assessor, was haben Sie angefangen; schüttelt ihn, er giebt keine Antwort, und röchelt nur noch. Er läuft zu Medicis und Wundärzten. Sie kommen, es war aber keine Rettung. Dr. Held erzählt mir, als er zu ihm gekommen, habe er auf der Erde gelegen, der Puls noch geschlagen; doch ohne Hülfe. Die Glieder alle wie gelähmt, weil das Gehirn lädirt, auch herausgetreten gewesen; Zum Ueberflusse habe er ihm eine Ader am Arm geöffnet, wobey er ihm den schlaffen Arm halten müssen, das Blut wäre doch noch gelaufen. Er habe nichts als Athem geholt, weil das Blut in der Lunge noch circulirt, und diese daher noch in Bewegung gewesen.

Das Gerücht von dieser Begebenheit verbreitete sich schnell; die ganze Stadt war in Schrecken und Aufruhr. Ich hörte es erst um 9 Uhr, meine Pistolen fielen mir ein, und ich weiß nicht, daß ich kurzens so sehr erschrocken bin. Ich zog mich an und gieng hin. Er war auf das Bette gelegt, die Stirne bedeckt, sein Gesicht schon wie eines Todten, er rührte kein Glied mehr, nur die Lunge war noch in Bewegung, und röchelte fürchterlich, bald schwach, bald stärker, man erwartete sein Ende.

Von dem Wein hatte er nur ein Glas getrunken. Hin und wieder lagen Bücher und von seinen eignen schriftlichen Aufsätzen. Emilia Galotti lag auf einem Pult am Fenster aufgeschlagen; daneben ein Manuscript ohngefähr Fingerdick in Quart, philosophischen Inhalts, der erste Theil oder Brief war überschrieben: *Von der Freyheit*[4], es war darin von der moralischen Freyheit die Rede. Ich blätterte zwar darin, um zu sehen, ob der Inhalt auf seine letzte Handlung einen Bezug habe, fand es aber nicht; ich war aber so bewegt und consternirt, daß ich mich nichts daraus besinne, noch die Scene, welche von der Emilia Galotti aufgeschlagen war, weiß, ohngeachtet ich mit Fleiß darnach sah.

Gegen 12 Uhr starb er. Abends 3/4 11 Uhr ward er auf dem gewöhnlichen Kirchhof begraben, (ohne daß er seciret ist, weil man von dem Reichs-Marschall-Amte Eingriffe in die

4. Jerusalems Aufsatz »Von der Freiheit« wurde am 25. Dezember 1772 in den »Frankfurter gelehrten Anzeigen« rezensiert. Die flüchtige, abwertende Rezension wurde früher Goethe zugeschrieben.

gesandtschaftlichen Rechte fürchtete) in der Stille mit 12 Lanternen und einigen Begleitern; Barbiergesellen haben ihn getragen; das Kreutz ward voraus getragen; kein Geistlicher hat ihn begleitet.
Es ist ganz ausserordentlich, was diese Begebenheit für einen Eindruck auf alle Gemüther gemacht. Leute, die ihn kaum einmahl gesehen, können sich noch nicht beruhigen; viele können seitdem noch nicht wieder ruhig schlafen; besonders Frauenzimmer nehmen großen Antheil an seinem Schicksal; er war gefällig gegen das Frauenzimmer, und seine Gestalt mag gefallen haben etc.
Wetzlar d. 2. Nov. 1772.[5]«

(Kestner, S. 86–101)

Lessing, der nicht wollte, daß Jerusalem durch Goethes Roman als Schwärmer und Wirrkopf verrufen würde, gab 1776 fünf »Philosophische Aufsätze von Karl Wilhelm Jerusalem« heraus und charakterisierte seinen jungen Freund im Vorwort als klaren, sachlichen Denker:

»Der Verfasser dieser Aufsätze war der einzige Sohn des würdigen Mannes, den alle, welchen die Religion eine Angelegenheit ist, so verehren und lieben. Seine Laufbahn war kurz; sein Lauf schnell. Doch *lange* leben, ist nicht *viel* leben. Und wenn viel denken allein, viel leben ist: so war seiner Jahre nur für uns zu wenig. [...]
Der junge Mann, als er hier in Wolfenbüttel sein bürgerliches Leben antrat, schenkte mir seine Freundschaft. Ich genoß sie nicht viel über Jahr und Tag; aber gleichwohl wüßte ich nicht, daß ich einen Menschen in Jahr und Tag lieber gewonnen hätte, als ihn. Und dazu lernte ich ihn eigentlich nur von Einer Seite kennen.
Allerdings zwar war das gleich diejenige Seite, von der sich, meines Bedünkens, so viel auf alle übrige schliessen läßt. Es war die Neigung, das Talent, mit der sich alle gute Neigungen so wohl vertragen, welches kein einziges Talent ausschließt; nur daß man bey ihm so viele andere Talente lieber nicht haben mag, und wenn man sie hat, vernachlässiget.

5. Wenn das angegebene Datum stimmt, entstand der Bericht vor Goethes Besuch am 6. November und vor der Bitte um »die Nachricht von Jerusalems Todte« vom 21. November.

Es war die Neigung zu deutlicher Erkenntniß; das Talent, die Wahrheit bis in ihre letzte Schlupfwinkel zu verfolgen. Es war der Geist der kalten Betrachtung. Aber ein warmer Geist, und so viel schätzbarer.«

(Deutsche Litteraturdenkmale. N. F. Nr. 39/40. Hrsg. von August Sauer. Berlin 1900. S. 3)

Zum Abschluß der historisch-biographischen Dokumentation muß noch gesagt werden, daß Goethe während der Umarbeitung des »Werther« in Weimar zu Frau von Stein in einem ähnlichen Verhältnis wie seinerzeit zu Charlotte Buff in Wetzlar stand. Die fraulicheren, reiferen Züge Lottes in der Zweitfassung gehen auf diese Freundschaft zurück.

IV. Dokumente zur Entstehungsgeschichte

1. *Die Entstehung der Erstfassung*

Die Datierung

Ein Mädchen wie Lotte und ein empfindsames junges Genie waren in den siebziger Jahren des 18. Jahrhunderts taugliche Figuren für eine Dichtung. Das sah Goethe sehr bald. Schon 1772 ruft er im Anschluß an eine Rezension in den »Frankfurter gelehrten Anzeigen« (8, 1772, S. 96) nach einer solchen Verbindung:

»Laß, o Genius unsers Vaterlands bald einen Jüngling aufblühen, der voller Jugendkraft und Munterkeit, zuerst für seinen Kreis der beste Gesellschafter wäre, das artigste Spiel angäbe, das freudigste Liedchen sänge, im Rundgesange den Chor belebte, dem die beste Tänzerinn freudig die Hand reichte, den neusten mannigfaltigsten Reihen vorzutanzen, den zu fangen die Schöne, die Witzige, die Muntre alle ihre Reitze ausstellten, dessen empfindendes Herz sich auch wohl fangen liesse, sich aber stolz im Augenblicke wieder losriß, wenn er aus dem dichtenden Traum erwachend fände, daß seine Göttin nur schön, nur witzig, nur munter sey; [...] Aber dann, o Genius! daß offenbar werde, nicht Fläche, Weichheit des Herzens sey an seiner Unbestimmtheit schuld; laß ihn ein Mädchen finden, seiner werth!
Wenn ihn heiligere Gefühle aus dem Geschwirre der Gesellschaft in die Einsamkeit leiten, laß ihn auf seiner Wallfahrt ein Mädchen entdecken, deren Seele ganz Güte, zugleich mit einer Gestalt ganz Anmuth, sich in stillem Familienkreis häuslicher thätiger Liebe glücklich entfaltet hat. Die Liebling, Freundinn, Beystand ihrer Mutter, die zweyte Mutter ihres Hauses ist, deren stets liebwürkende Seele jedes Herz unwiderstehlich an sich reißt, zu der Dichter und Weise willig in die Schule giengen, mit Entzücken schauten eingeborne Tugend, mitgebornen Wohlstand und Grazie. – Ja, wenn sie in Stunden einsamer Ruhe fühlt, daß ihr bey all dem Liebeverbreiten noch etwas fehlt, ein Herz, das jung und warm wie sie, mit ihr nach fernern verhülltern Seligkeiten dieser Welt ahndete, in dessen belebender Gesellschaft, sie nach all

den goldnen Aussichten von ewigem Beysammenseyn, daurender Vereinigung, unsterblich webender Liebe fest angeschlossen hinstrebte.
Laß die Beyden sich finden, [...] Doch obs solche Mädchen giebt? obs solche Jünglinge geben kann?«

(Zit. n.: Der junge Goethe. Hrsg. von Hanna Fischer-Lamberg. Bd. 2. S. 274–275)

Jerusalems Tod brachte das wichtige tragische Element zu Goethes bisheriger Erfahrung des zu verarbeitenden Stoffes. Die gründlichen Nachforschungen darüber lassen darauf schließen, daß er in den ersten Novembertagen 1772 den Plan zum »Werther« faßte. Er schrieb an Kestner:

»Der unglückliche Jerusalem. Die Nachricht war mir schröcklich und unerwartet, es war grässlich zum angenehmsten Geschenck der Liebe diese Nachricht zur Beylage [...] Der arme iunge! wenn ich zurückkam vom Spaziergang und er mir begegnete hinaus im Mondschein, sagt ich er ist verliebt [...] Gott weis die Einsamkeit hat sein Herz untergraben.«

(Kestner, S. 65)

Am 6. November 1772 begleitete Goethe seinen späteren Schwager Johann Georg Schlosser (1739–99) auf einer Geschäftsreise nach Wetzlar. Er erfragte dort Einzelheiten über den nur eine Woche zuvor geschehenen Selbstmord Jerusalems und bat Kestner am 21. November:

»[...] schicken Sie mir doch die Nachricht von Jerusalems Todte.«

(Kestner, S. 83)

Und nach Erhalt des in Kapitel III wiedergegebenen Berichts:

»Ich dank euch lieber Kestner für die Nachricht von des armen Jerusalems Todt, sie hat uns herzlich interessirt. Ihr sollt sie wieder haben wenn sie abgeschrieben ist.«

(Kestner, S. 102)

Und am 20. Januar 1773:

»Da habt ihr euren Jerusalem.«

(Kestner, S. 129)

Es dauerte aber noch ein Jahr, ehe der Plan der Dichtung zur Ausführung reifte. Vielleicht war das peinliche Erlebnis im Hause Brentanos der letzte Anstoß dazu. Gewiß war es nicht die Nachricht von Jerusalems Tod, wie Goethe in »Dichtung und Wahrheit« schreibt, weil diese über ein Jahr vor Goethes Wiedersehen mit Maximiliane in Frankfurt und der Niederschrift des Romans lag. – Für die Zwischenzeit haben wir nur einige Bemerkungen aus dem Briefwechsel mit Kestner, von denen man nicht genau weiß, ob man sie auf die Entstehung des »Werther« beziehen soll. Goethe schreibt unter anderem:

»[...] wenn Ihr Euch einfallen [lasst] eifersüchtig zu werden, so halt' ich mir's aus Euch mit den treffendsten Zügen auf die Bühne zu bringen, und Juden und Christen sollen über Euch lachen.«

(Gräf, S. 497)

»Heute Nacht hat mirs von Lotten wunderlich geträumt [...] Und so träume ich denn und gängle durchs Leben, führe garstige Prozesse schreibe Dramata, und Romanen und dergleichen.«[1]

(Kestner, S. 169 f.)

»Ich binn recht fleissig und wenns Glück gut ist kriegt ihr bald wieder was, auf eine andre Manier.[2] [...] Heut vorm Jahr wars doch anders, ich wollt schwören in dieser Stunde vorm Jahr sass ich bey Lotten. Ich bearbeite meine Situation zum Schauspiel zum Truz Gottes und der Menschen. Ich weis was Lotte sagen wird wenn sies zu sehn kriegt und ich weis was ich ihr antworten werde.«

(Kestner, S. 173 f.)

»[...] ich hab euch auch immer bey mir wenn ich was schreibe. Jezt arbeit ich einen Roman, es geht aber langsam. [...] Noch ein Wort im Vertrauen als Schriftsteller, meine Ideale wachsen täglich aus an Schönheit und Grösse, und wenn mich meine Lebhafftigkeit nicht verlässt, und meine Liebe, so solls noch viel geben für meine Lieben, und das Publikum nimmt auch sein Teil.«

(Kestner, S. 182)

1. »Prozesse« bezieht sich auf Goethes Anwaltspraxis, »Dramata« auf den »Götz«.
2. d. h. anders als »Götz«.

Wenn man diese Briefstellen auf die Arbeit am »Werther« bezieht, scheint es anfangs nicht klar gewesen zu sein, ob die Dichtung dramatische oder epische Form haben sollte. Eine solche Frage wäre nicht verwunderlich. Schließlich war der »Götz von Berlichingen«, den Goethe eben herausgebracht hatte, ein sehr beachtlicher Erfolg geworden, der es dem Verfasser hätte nahelegen können, sich in derselben Gattung gleich noch einmal zu versuchen.[3]

Die erste Niederschrift des Romans fiel in die Zeit Februar/ März 1774. Goethe schrieb Mitte Februar an Sophie von La Roche:

»Das liebe Weibchen [Maximiliane] hat Ihnen was von einer Arbeit geschrieben, die ich angefangen habe, seit Sie weg sind, wirklich angefangen, denn ich hatte nie die Idee aus dem Sujet ein einzelnes Ganze zu machen. Sie sollen's haben, sobald's fertig ist.«

(Gräf, S. 498)

Dieser Stelle entsprechend heißt es im Brief an Frau von La Roche Anfang Mai:

»... sagen Sie mir doch ein Wort vom Herzen. Sie werden sehn, wie Sie meinem Rad Schwung geben, wenn Sie meinen ›Werther‹ lesen; den fing ich an, als Sie weg waren, den andern Tag, und an einem fort! fertig ist er.«

(Gräf, S. 503)

Diese beiden Briefe ermöglichen eine genaue Datierung der Niederschrift, denn man weiß, daß Frau von La Roche am 15. Januar mit ihrer jungvermählten Tochter Maximiliane nach Frankfurt kam und am 31. wieder abreiste.
Über die Umstände seiner Arbeit in diesen Tagen schreibt Goethe in »Dichtung und Wahrheit« III, 13:

»Ich hatte mich äußerlich völlig isoliert, ja die Besuche meiner Freunde verbeten, und so legte ich auch innerlich alles beiseite, was nicht unmittelbar hierher gehörte. Dagegen faßte ich alles zusammen, was einigen Bezug auf meinen Vorsatz hatte, und wiederholte mir mein nächstes Leben,

3. W. Krogmann, »Claudine von Villa Bella, Goethes erste Lottedichtung«, 1937, Einleitung S. VIII ff., bezieht diese Briefstellen auf das Singspiel.

von dessen Inhalt ich noch keinen dichterischen Gebrauch gemacht hatte. Unter solchen Umständen, nach so langen und vielen geheimen Vorbereitungen, schrieb ich den ›Werther‹ in vier Wochen, ohne daß ein Schema des Ganzen, oder die Behandlung eines Teils irgend vorher wäre zu Papier gebracht gewesen.«

Die hier beschriebene Arbeitsweise erklärt, warum es so wenig Dokumente zur Entstehungsgeschichte der Erstfassung des »Werther« gibt. Goethe trug den Stoff mit sich selbst herum und entlud sich dessen in kurzer konzentrierter Arbeit. Er wollte nicht darüber sprechen, nicht bevor das Werk Gestalt angenommen hatte. Das bestätigt auch Freund Merck in einem Brief vom 14. Februar 1774 an seine Frau. Da heißt es über Goethe:

»Il se détache de tous ses amis, et n'existe que dans les compositions, qu'il prépare pour le public.«

(Gräf, S. 499)

In den Briefen an Kestner ergeht sich Goethe inzwischen weiterhin in Andeutungen:

»Wie offt ich bey euch binn, heisst das in Zeiten der Vergangenheit, werdet ihr vielleicht ehestens ein Document zu Gesichte kriegen.«

(Kestner, S. 203)

Und an Lotte:

»[...] du bist diese ganze Zeit, vielleicht mehr als jemals *in, cum et sub* (lass dir das von deinem gnädigen Herrn erklären)[4] mit mir gewesen. Ich lasse es dir ehstens drucken – Es wird gut meine Beste. Denn ist mirs nicht wohl wenn ich an euch dencke?«

(Kestner, S. 202)

Das Selbstmordproblem

Obgleich Goethe entgegen seiner sonstigen Gewohnheit während der Arbeit am »Werther« kaum über den Gegenstand

4. Die lateinischen Präpositionen spielen auf das Abendmahl an. Dem lutherischen Bekenntnis nach wird »in et sub pane et vino«, in und unter dem Brot und Wein, Leib und Blut Christi genossen. Die Konkordienformel von 1577 lautet: »cum dicimus, sub pane, cum pane, in pane adesse et exhiberi corpus Christi.«

sprach oder korrespondierte, wissen wir doch, wie sehr ihn Jerusalems Schicksal damals betroffen hat. Jerusalem hatte vollzogen, was Goethe seinerzeit selbst ernsthaft erwogen hatte. Die Briefe an Kestner enthalten eine Reihe von Anspielungen, die durchblicken lassen, wie vertraut Goethe mit dem Gedanken an den Freitod war:

»Schreiben sie mir doch gleich wie sich die Nachrichten von Goué konfirmiren.[5] Ich ehre auch solche That, und bejammere die Menschheit und lass alle -kerle von Philistern Tobacksrauchs Betrachtungen drüber machen, und sagen: *Da habt ihr's.* Ich hoffe nie meinen Freunden mit einer solchen Nachricht beschweerlich zu werden.«

(Kestner, S. 60)

»Gewiß Kestner, es war Zeit dass ich gieng. Gestern Abend hatt ich rechte hängerliche und hängenswerthe Gedanken auf dem Canapee – –«

(Kestner, S. 69 f.)

»Gestern fiel mir ein an Lotten zu schreiben. Ich dachte aber, alle ihre Antwort ist doch nur, wir wollens so gut seyn lassen, und erschiessen mag ich mich vor der Hand noch nicht.«

(Kestner, S. 102 f.)

»Lieber Kestner, der du hast lebens in deinem Arm ein Füllhorn, lasse dir Gott dich freuen. Meine arme Existenz starrt zum öden Fels. Diesen Sommer geht alles. Merck mit dem Hofe nach Berlin, sein Weib in die Schweiz, meine Schwester, die Flachsland, ihr, alles. Und ich binn allein. Wenn ich kein Weib nehme oder mich erhänge, so sagt ich habe das Leben recht lieb, oder was, daß mir mehr Ehre macht, wenn ihr wollt.«

(Kestner, S. 162)

Als im November 1812 der Stiefsohn Karl Friedrich Zelters Selbstmord begangen hatte und Zelter Goethe um »ein heilendes Wort« bat, schrieb dieser seinem Freund:

5. Kurz vor Jerusalems Selbstmord ging das Gerücht um, August Friedrich von Goué, der in Wetzlar wegen Vernachlässigung seines Dienstes entlassen worden war, habe sich getötet.

»Wenn das *taedium vitae* den Menschen ergreift, so ist er nur zu bedauern, nicht zu schelten. Dass alle Symptome dieser wunderlichen, so natürlichen als unnatürlichen Krankheit auch einmal mein Innerstes durchrast haben, daran lässt ›Werther‹ wohl niemand zweifeln. Ich weiss recht gut, was es mich für Entschlüsse und Anstrengungen kostete, damals den Wellen des Todes zu entkommen.« (Gräf, S. 603)

Mit dem überlegenen Wissen des Alters führt Goethe in »Dichtung und Wahrheit« III, 13 zum Stichwort *taedium vitae* aus:

»Jener Ekel vor dem Leben hat seine physischen und seine sittlichen Ursachen, jene wollen wir dem Arzt, diese dem Moralisten zu erforschen überlassen, und, bei einer so oft durchgearbeiteten Materie, nur den Hauptpunkt beachten, wo sich jene Erscheinung am deutlichsten ausspricht. Alles Behagen am Leben ist auf eine regelmäßige Wiederkehr der äußeren Dinge gegründet. Der Wechsel von Tag und Nacht, der Jahreszeiten, der Blüten und Früchte, und was uns sonst von Epoche zu Epoche entgegentritt, damit wir es genießen können und sollen, diese sind die eigentlichen Triebfedern des irdischen Lebens. Je offener wir für diese Genüsse sind, desto glücklicher fühlen wir uns; wälzt sich aber die Verschiedenheit dieser Erscheinungen vor uns auf und nieder, ohne daß wir daran teilnehmen, sind wir gegen so holde Anerbietungen unempfänglich: dann tritt das größte Übel, die schwerste Krankheit ein, man betrachtet das Leben als eine ekelhafte Last.«

Und im Hinblick auf seine eigene, nicht Werthers Erfahrung:

»Nichts aber veranlaßt mehr diesen Überdruß, als die Wiederkehr der Liebe. Die erste Liebe, sagt man mit Recht, sei die einzige: denn in der zweiten und durch die zweite geht schon der höchste Sinn der Liebe verloren. Der Begriff des Ewigen und Unendlichen, der sie eigentlich hebt und trägt, ist zerstört, sie erscheint vergänglich wie alles Wiederkehrende.«

Goethes Warnung im Entwurf zum Vorwort des ›Herausgebers‹, »laß [...] nicht den Hang zu einer unthätigen

Mißmuth in dir sich vermehren, sondern ermanne dich [...]« (vgl. Kap. II, 1), war, auch wenn sie aus kompositorischen Gründen zurückgenommen wurde, durchaus ernst gemeint; Goethe fand:

»Es ist etwas so Unnatürliches, daß der Mensch sich von sich selbst losreiße, sich nicht allein beschädige, sondern vernichte, daß er meistenteils zu mechanischen Mitteln greift, um seinen Vorsatz ins Werk zu richten. [...]
Wenn ich nun alle diese Mittel überlegte, und mich sonst in der Geschichte weiter umsah, so fand ich unter allen denen, die sich selbst entleibt, keinen, der diese Tat mit solcher Großheit und Freiheit des Geistes verrichtet, als Kaiser Otho. Dieser, zwar als Feldherr im Nachteil, aber doch keineswegs aufs Äußerste gebracht, entschließt sich, zum Besten des Reichs, das ihm gewissermaßen schon angehörte, und zur Schonung so vieler Tausende, die Welt zu verlassen. Er begeht mit seinen Freunden ein heiteres Nachtmahl, und man findet am anderen Morgen, daß er sich einen scharfen Dolch mit eigner Hand in das Herz gestoßen. Diese einzige Tat schien mir nachahmungswürdig, und ich überzeugte mich, daß, wer nicht hierin handeln könne wie Otho, sich nicht erlauben dürfe, freiwillig aus der Welt zu gehn. [...] Da dieses [mir] aber niemals gelingen wollte, so lachte ich mich zuletzt selbst aus, warf alle hypochondrische Fratzen hinweg, und beschloß zu leben. Um dies aber mit Heiterkeit tun zu können, mußte ich eine dichterische Aufgabe zur Ausführung bringen, wo alles, was ich über diesen wichtigen Punkt empfunden, gedacht und gewähnt, zur Sprache kommen sollte.«

(Dichtung und Wahrheit, III, 13)

Die Briefform

Es ist nur sinnvoll und begründbar, daß sich Goethe entschieden hat, den »Werther« als Briefroman abzufassen. Alles wies in diese Richtung: der Gegenstand, die literarische Mode, die Bekanntschaft mit Frau von La Roche und nicht zuletzt eine persönliche Veranlagung des Dichters.
Was man »empfunden, gedacht und gewähnt« hat mitzuteilen, war das große Verlangen der Empfindsamkeit. Am unbefangensten konnte man diesem Bedürfnis in Tagebüchern

und in Briefen an Freunde nachgehen. Die Mitte des 18. Jahrhunderts war eine schreibselige Zeit, welche die allgemeine Briefkultur auf eine literarische Ebene hob. Der englische Drucker Samuel Richardson (1689–1761) hatte zuerst daran gedacht, eine Briefschule zu schreiben.[6] Statt einer stilistischen Beispielsammlung verfaßte er dann aber drei dicke Romane in Briefen: »Pamela, or Virtue Rewarded« (1740), »Clarissa Harlowe« (1747/48) und »Sir Charles Grandison« (1753). Rousseaus berühmte »Nouvelle Héloïse« (1759) wurde schon erwähnt. Nachfolger auf dem Gebiet des Briefromans in Deutschland waren Knigge, Miller, Heinse, Jacobi, Lenz, waren Gellert mit »Das Leben der schwedischen Gräfin von G.« (1747/48), Musäus mit »Grandison der Zweite« (1760–62), Hermes mit »Sophiens Reise von Memel nach Sachsen« (1769–73) und Frau von La Roche, deren Roman »Das Fräulein von Sternheim« Wieland mit Vorwort und Anmerkungen versehen 1771 herausgab, und den Goethe oder Merck in einer Rezension der »Frankfurter Gelehrten Anzeigen« von 1772 noch vorbehaltloser lobte als Wieland.

Frau von La Roche glänzte in jungem Autorenruhm, als Goethe im September 1772 von Wetzlar zu ihr nach Koblenz pilgerte. Dort war er nicht lange der einzige Gast im Hause:

»Zu dem Kongreß, der hier teils im artistischen, teils im empfindsamen Sinne gehalten werden sollte, war auch Leuchsenring beschieden, der von Düsseldorf heraufkam. Dieser Mann, von schönen Kenntnissen in der neuern Literatur, hatte sich, [...] da er angenehm und einschmeichelnd war, viele Gunst erworben. Er führte mehrere Schatullen bei sich, welche den vertrauten Briefwechsel mit mehreren Freunden enthielten: denn es war überhaupt eine so allgemeine Offenherzigkeit unter den Menschen, daß man mit keinem einzelnen sprechen, oder an ihn schreiben konnte, ohne es zugleich als an mehrere gerichtet zu betrachten. Man spähte sein eigen Herz aus und das Herz der andern, und bei der Gleichgültigkeit der Regierungen gegen eine solche Mitteilung, bei der durchgreifenden Schnelligkeit der Taxis-

6. Vgl. Gellerts Briefsteller: »Briefe für junge Leute, nebst einer Praktischen Abhandlung vom guten Geschmacke in Briefen« (1751).

schen Posten, der Sicherheit des Siegels, dem leidlichen Porto griff dieser sittliche und literarische Verkehr bald weiter um sich.
Solche Korrespondenzen, besonders mit bedeutenden Personen, wurden sorgfältig gesammelt und alsdann, bei freundschaftlichen Zusammenkünften, auszugsweise vorgelesen; und so ward man, da politische Diskurse wenig Interesse hatten, mit den Briefen der moralischen Welt ziemlich bekannt.
Leuchsenrings Schatullen enthielten in diesem Sinne manche Schätze. [...] Ich wohnte diesen Vorlesungen gerne bei [...]«

(Dichtung und Wahrheit, III, 13)

Es ist vielleicht kein Zufall, daß Goethe unmittelbar nach der Abreise Frau von La Roches aus Frankfurt mit der Niederschrift seines Romans begann. – Für die Wahl der Briefform gibt es aber noch andere Gründe. Der Dialog im Briefwechsel schien Goethe der dramatischen Darstellungsart, die er damals bevorzugte, verwandt; und der Übergang von der einen zur anderen Form ...

»[...] geschah hauptsächlich durch eine Eigenheit des Verfassers, die sogar das Selbstgespräch zum Zwiegespräch umbildete.
Gewöhnt, am liebsten seine Zeit in Gesellschaft zuzubringen, verwandelte er auch das einsame Denken zur geselligen Unterhaltung, und zwar auf folgende Weise. Er pflegte nämlich, wenn er sich allein sah, irgend eine Person seiner Bekanntschaft im Geiste zu sich zu rufen. Er bat sie nieder zu sitzen, ging an ihr auf und ab, blieb vor ihr stehen, und verhandelte mit ihr den Gegenstand, der ihm eben im Sinne lag. Hierauf antwortete sie gelegentlich, oder gab durch die gewöhnliche Mimik ihr Zu- oder Abstimmen zu erkennen; wie denn jeder Mensch hierin etwas Eignes hat. Sodann fuhr der Sprechende fort, dasjenige, was dem Gaste zu gefallen schien, weiter auszuführen oder, was derselbe mißbilligte, zu bedingen, näher zu bestimmen, und gab auch wohl zuletzt seine These gefällig auf. Das Wunderlichste war dabei, daß er niemals Personen seiner näheren Bekanntschaft wählte, sondern solche, die er nur selten sah, ja mehrere, die weit in der Welt entfernt lebten, und mit denen er

nur in einem vorübergehenden Verhältnis gestanden; aber es waren meist Personen, die, mehr empfänglicher als ausgebender Natur, mit reinem Sinne einen ruhigen Anteil an Dingen zu nehmen bereit sind, die in ihrem Gesichtskreise liegen, ob er sich gleich manchmal zu diesen dialektischen Übungen widersprechende Geister herbeirief. [...]
Wie nahe ein solches Gespräch im Geiste mit dem Briefwechsel verwandt sei, ist klar genug, nur daß man hier ein hergebrachtes Vertrauen erwidert sieht, und dort ein neues, immer wechselndes, unerwidertes sich selbst zu schaffen weiß.«

(Dichtung und Wahrheit, III, 13)

Gewichtiger als alles Vorangehende für die Entscheidung, Werthers Schicksal in Briefen darzustellen, war aber die innere Folgerichtigkeit. Der Gegenstand selbst verlangte gerade diese Form. Goethe erklärt:

»... jeder Unmut ist eine Geburt, ein Zögling der Einsamkeit; wer sich ihm ergibt, flieht allen Widerspruch, und was widerspricht ihm mehr als jede heitere Gesellschaft? Der Lebensgenuß anderer ist ihm ein peinlicher Vorwurf, und so wird er durch das, was ihn aus sich selbst herauslocken sollte, in sein Innerstes zurückgewiesen. Mag er sich allenfalls darüber äußern, so wird es durch Briefe geschehn: denn einem schriftlichen Erguß, er sei fröhlich oder verdrießlich, setzt sich doch niemand unmittelbar entgegen; eine mit Gegengründen verfaßte Antwort aber gibt dem Einsamen Gelegenheit, sich in seinen Grillen zu befestigen, einen Anlaß, sich noch mehr zu verstocken. Jene in diesem Sinne geschriebenen Wertherischen Briefe haben nun wohl deshalb einen so mannigfaltigen Reiz, weil ihr verschiedener Inhalt erst in solchen ideellen Dialogen mit mehreren Individuen durchgesprochen worden, sie sodann aber, in der Komposition selbst, nur an *einen* Freund und Teilnehmer gerichtet erscheinen.«

(Dichtung und Wahrheit, III, 13)

2. Die Umarbeitung

Kestner, dem die Ähnlichkeiten zu den Wetzlarer Verhältnissen in dem Roman zu deutlich waren und dem auch sonst bestimmte Einzelheiten mißfielen, hatte sofort nach der Lektüre versucht, Goethe zu Änderungen zu bewegen. Sein diesbezüglicher Briefentwurf vom September oder Oktober 1774 ist in Kapitel V, 1 als Zeugnis der Wirkungsgeschichte wiedergegeben. In der Antwort auf den Brief versprach Goethe, wohl mehr aus freundschaftlichen als aus künstlerischen Erwägungen, zu ändern:

»[...] binnen hier und einem Jahr versprech ich euch auf die *lieblichste*, *einzigste*, *innigste* Weise alles was noch übrig seyn mögte von Verdacht, Missdeutung etc. im schwäzzenden Publikum, obgleich das eine Heerd Schwein ist, auszulöschen, wie ein reiner Nordwind, Nebel und Dufft.«

(Kestner, S. 233)

Bei dem außerordentlichen Erfolg des Buches war das allerdings nicht so einfach. Wie empfindlich ein Publikum auf Änderungen, und seien es Verbesserungen, an seinen Lieblingsgeschichten reagieren kann, erfuhr Werther beim Märchenerzählen (im Brief vom 15. 8. 71, S. 57 f.). Goethe war kein Freund des falschen Eifers; er wartete, bis seine Zeit gekommen war. Am 19. Juni 1782 bat er Frau von Stein:

»... schicke mir meine gedruckten Schriften, ich habe einen wunderlichen Einfall und will sehn, ob ich ihn ausführe.«

(Gräf, S. 543)

Aus einem Brief vom 21. November an den Prinzenerzieher Karl Ludwig von Knebel entnimmt man, was es mit dem »wunderlichen Einfall« auf sich hat; Goethe berichtet:

»Meinen ›Werther‹ hab' ich durchgegangen und lasse ihn wieder in's Manuscript schreiben; er kehrt in seiner Mutter Leib zurück, Du sollst ihn nach seiner Wiedergeburt sehen. Da ich sehr gesammelt bin, so fühle ich mich zu so einer delicaten und gefährlichen Arbeit geschickt.«

(Gräf, S. 543)

Die Arbeit war also längst im Gange, als Goethe auch Kestner davon unterrichtete:

»Ich habe in ruhigen Stunden meinen Werther wieder vorgenommen, und denke, ohne die Hand an das zu legen was so viel Sensation gemacht hat, ihn noch einige Stufen höher zu schrauben. Dabey war unter andern meine Intention Alberten so zu stellen, daß ihn wohl der leidenschaftliche Jüngling, aber doch der Leser nicht verkennt. Dies wird den gewünschten und besten Effekt thun. Ich hoffe Ihr werdet zufrieden seyn.«

(Kestner, S. 256 f.)

Kestner, der den Roman nicht zur Hand hatte, versuchte sich zu erinnern, was ihn daran besonders gestört hatte und was er gern verändert sähe; doch was ihm da gerade einfiel, will uns heute als Stoff belanglos und als Teil der Dichtung kaum entbehrlich scheinen:

»1) *Die Ohrfeigen*, welche Lotte austheilt, waren uns beyderseits anstössig.[7] Diese Episode ist weder in der wahren Geschichte gegründet, – es sey denn, daß Ihr solches anders woher genommen – noch dem Character *der* Lotte, welche Ihr schildert, genug angemessen. Meine Lotte wenigstens, wäre nie im Stande gewesen, sich so zu benehmen. Ob sie gleich ein lebhaftes, muthwilliges Mädchen war; so blieb sie doch immer ein Mädchen, und behielt bey solcher Lebhaftigkeit und Muthwillen doch immer die weibliche Delicatesse – ein andres Wort fällt mir nicht gleich ein – bey.
2) Der Umstand, daß sie Werthern auf dem Balle gleich zu verstehen gegeben, daß sie schon engagirt sey, war uns auch anstössig. Meine Lotte, wenn die damit gemeynt wäre, hätte solches nicht äussern können; weil wir nie eigentlich versprochen gewesen sind. Wir verstanden uns, wir waren einig, wir waren nicht mehr zu trennen, das ist wahr. Es beruhte aber nur zum Theil auf einer stillschweigenden Uebereinkunft. Wir hätten, menschlichen Gesetzen nach, uns noch immer trennen können. Auf meiner Seite hatte eine gewisse Eigenheit oder Caprice, wenn Ihr wollt, daran Schuld.«

(Kestner, S. 259 f.)

Goethe hat weder das eine noch das andere geändert. Aber er hat, wie an den in Kapitel II, 2 wiedergegebenen Varianten abzulesen ist, seinem Plan gemäß Albert aufgewertet. –

7. Im Brief vom 16. 6. 71 (S. 28).

In der Zweitfassung läßt vor allem der Herausgeber dem Charakter Alberts größere Gerechtigkeit widerfahren. Damit auch der Leser Albert besser versteht, ohne sich gleich von Werther zu distanzieren, sondern in seinem Urteil über die Charaktere fein unterscheidet, waren die ausgedehnteren und schwierigen Umarbeitungen gegen Ende des Romans notwendig. Goethe vollendete die Arbeit daran im Sommer 1786 in Karlsbad und schrieb dann an Frau von Stein:

»Nun muss ich auch meiner Liebsten schreiben, nachdem ich mein schwerstes Pensum geendigt habe. Die Erzählung am Schlusse ›Werthers‹ ist verändert, gebe Gott, dass sie gut gerathen sei, noch weiss niemand nichts davon, Herder hat sie noch nicht gesehn.«

(Gräf, S. 553)

Und wenig später:

»... über das Ende ›Werthers‹ ist die Sache auch entschieden. Nachdem es Herder einige Tage mit sich herumgetragen hatte, ward dem Neuen der Vorzug eingeräumt. Ich wünsche, dass Dir die Verändrung gefallen und das Publicum mich nicht schelten möge.«

(Gräf, S. 553)

Da Goethe noch nicht nach Weimar zurückkehren wollte, beauftragte er den Kammer-Kalkulator Seidel, das Manuskript dem Verleger Göschen in Leipzig zu übergeben. Der »Werther« erschien in der neuen Fassung 1787 als Band 1 der achtbändigen »Schriften«.

3. Der Erweiterungsversuch

Goethe hat versucht, die Geschichte Werthers zu erweitern, und zwar mit einer Reihe von Briefen aus der Schweiz. – Man weiß nicht genau, wann er den Plan dazu faßte. Als Schiller ihn Anfang Februar 1796 um einen Beitrag zu den »Horen« bat, schrieb Goethe:

»Da ich zum dritten Stücke noch nichts zu liefern weiss, habe ich meine alten Papiere durchgesehen [...] Um wenigstens meinen guten Willen zu zeigen, schicke ich hier eine sehr subjective Schweizerreise. Urtheilen Sie, in wiefern etwas zu brauchen ist; vielleicht wenn man noch irgend ein leidenschaftliches Mährchen dazu erfände, so könnte es gehen.«

(Gräf, S. 567 f.)

Wahrscheinlich schickte Goethe mit diesem Brief die erste Abteilung der Briefe aus der Schweiz, die zum Teil unter dem Titel »Briefe auf einer Reise nach dem Gotthardt« im 7. Band des Jahrgangs 1796 der »Horen« erschienen. Die in Goethes Werkausgabe von 1808 (bei Cotta) abgedruckte zweite Abteilung der »Briefe aus der Schweiz« stellt Goethes eigene Reiseerlebnisse von 1779 nach wirklichen Briefen an Frau von Stein dar.
Riemer erklärte, es sei Goethes Absicht gewesen, die Briefe der beiden Abteilungen zu mischen und auf verschiedene Korrespondenten zu verteilen, um den leidenschaftlicheren Mitteilungen der ersten Abteilung die ruhigeren, sachlicheren der zweiten gegenüberzustellen. Aus dem Plan ist aber nichts geworden. Goethe gibt eine Erklärung dafür:

»In dem Fragment von Werthers Reisen, welches in dem XVI. Bande meiner Werke neuerlich wieder mit abgedruckt ist, habe ich diesen Gegensatz der schweizerischen löblichen Ordnung und gesetzlichen Beschränkung mit einem solchen, im jugendlichen Wahn geforderten Naturleben zu schildern gesucht. Weil man aber alles, was der Dichter unbewunden darstellt, gleich als entschiedene Meinung, als didaktischen Tadel aufzunehmen pflegt; so waren die Schweizer deshalb sehr unwillig, und ich unterließ die intentionierte Fortsetzung, welche das Herankommen Werthers bis zur Epoche, wo seine Leiden geschildert sind, einigermaßen darstellen und dadurch gewiß den Menschenkennern willkommen sein sollte.«

(Dichtung und Wahrheit, IV, 19)

Eine Erweiterung der Lebensgeschichte Werthers hätte gewiß auch den Blick auf den Roman, wie er vorliegt, verändert. Mag sein, daß auch dies ein Grund war, der den Dichter von dem Vorhaben absehen ließ. Das Herausgebervorwort zu den Briefen der ersten Abteilung zeigt, daß und warum Goethe zögerte, die Briefe eindeutig seinem berühmten Romanhelden zuzuschreiben: Um nämlich das gefühlsbestimmte

Verhältnis zwischen Werther und Publikum nicht zu stören, läßt der Dichter den Herausgeber die Entscheidung über Annahme oder Ablehnung des fragmentarischen Anbaus »dem Gefühl und Urteil des Lesers« anheimstellen:

»Als vor mehreren Jahren uns nachstehende Briefe abschriftlich mitgetheilt wurden, behauptete man sie unter Werthers Papieren gefunden zu haben, und wollte wissen, dass er vor seiner Bekanntschaft mit Lotten in der Schweiz gewesen. Die Originale haben wir niemals gesehen, und mögen übrigens dem Gefühl und Urtheil des Lesers auf keine Weise vorgreifen: denn, wie dem auch sei, so wird man die wenigen Blätter nicht ohne Theilnahme durchlaufen können.«

(Gräf, S. 569)

V. Dokumente zur Wirkungsgeschichte

1. Die Beteiligten

Zu sagen, was er »empfunden, gedacht und gewähnt« hatte, um dadurch die bedrückenden Erlebnisse zu überwinden, war Goethes Absicht gewesen. Die Objektivierung der eigenen Bedrohung, die Verwandlung des eigenen Unbehagens in ein selbständiges ästhetisches Gebilde, gelang. Noch während er daran arbeitete, konnte er Charlotte Kestner versichern: »Es wird gut, meine Beste.« – Nachdem es vollendet war, fühlte sich Goethe gelöst und befreit. Er schrieb später:

»[...] ich hatte mich durch diese Komposition, mehr als durch jede andere, aus einem stürmischen Elemente gerettet, auf dem ich durch eigne und fremde Schuld, durch zufällige und gewählte Lebensweise, durch Vorsatz und Übereilung, durch Hartnäckigkeit und Nachgeben auf die gewaltsamste Art hin und wider getrieben worden. Ich fühlte mich, wie nach einer Generalbeichte, wieder froh und frei, und zu einem neuen Leben berechtigt. Das alte Hausmittel[1] war mir diesmal vortrefflich zustatten gekommen.«

(Dichtung und Wahrheit, III, 13)

Das war aber nur die eine Seite. Dem jungen Schriftsteller war es keineswegs gleichgültig, was seine Freunde zu den dichterisch objektivierten Leiden sagen würden. Merck, der ihm schon bei der Veröffentlichung des »Götz« geholfen hatte, erfuhr als erster davon. Goethe las ihm aus dem Manuskript vor, und als Merck, der gerade zerstreut war und nicht auf den Vortrag geachtet hatte, nur sagte: »Nun ja! es ist ganz hübsch«, da hätte Goethe den Roman um ein Haar vor Enttäuschung verbrannt. Zum Glück revidierte Merck sein Urteil und drang darauf, daß das Manuskript ohne weitere Änderung unverzüglich gedruckt werde.

Kestners Vorbehalte gegenüber dem Roman beruhten nicht bloß auf einer Laune. Er sah, wie allzu viele Leser

1. Eine These des Aristoteles, daß sich der Dichter im Werk von zerstörerisch dämonischen Elementen seiner Natur befreit.

nach ihm, nur den Stoff, und da ein bedeutender Teil seines Lebens als Stoff in den Roman eingegangen war, verglich er Werthers Briefe mit seinen eigenen Erlebnissen: Er fand entstellte Tatsachen und vermißte »die Wahrheit«. Ein Briefentwurf zeigt uns Kestners Reaktion:

»Euer Werther würde mir großes Vergnügen machen können, da er mich an manche interessante Scene und Begebenheit erinnern könnte. So aber, wie er da ist, hat er mich, in gewissem Betracht, schlecht erbauet. [...]
Ihr habt zwar in jede Person etwas Fremdes gewebt, oder mehrere in eine geschmolzen. Das ließ ich schon gelten. Aber wenn Ihr bey dem Verweben und Zusammenschmelzen euer Herz ein wenig mit rathen lassen; so würden die würcklichen Personen, von denen ihr Züge entlehnet, nicht dabey so prostituirt seyn. Ihr wolltet nach der Natur zeichnen, um Wahrheit in das Gemälde zu bringen; und doch habt Ihr so viel widersprechendes zusammengesetzt, daß Ihr gerade Euren Zweck verfehlt habt. [...] Der würcklichen Lotte würde es in vielen Stücken leid seyn, wenn sie Eurer da gemalten Lotte gleich wäre. [...]
Und das elende Geschöpf von einem Albert! Mag es immer ein eignes nicht copirtes Gemählde seyn sollen, so hat es doch von einem Original wieder solche Züge (zwar nur von der Aussenseite, und Gott sey's gedankt, nur von der Aussenseite) daß man leicht auf den würklichen fallen kann. Und wenn Ihr ihn so haben wolltet, mußtet ihr ihn zu so einem Klotze machen? damit ihr etwa auf ihn stolz hintreten und sagen könntet, seht was *ich* für ein Kerl bin!«

(Kestner, S. 220 f.)

Kestner war zu befangen, um dem »Werther« die Eigenständigkeit des Kunstwerks zuzubilligen. Daher ging seine Reaktion auf den Roman an der Dichtung vorbei. Man wird das Kestner nicht vorwerfen; er hat auch sein Mißfallen an der Erstfassung des Romans dem Autor weder gekränkt noch kränkend in ungleich taktvollerer Weise als in diesem Konzept mitgeteilt. – Goethe weist in seiner Antwort darauf hin, wie notwendig es für ihn war, diesen Roman zu schreiben, und versucht, seine Freunde über die unvermeidliche Indiskretion zu trösten:

»Ihr Kleingläubigen! – Könntet ihr den tausendsten Theil fühlen, was Werther tausend Herzen ist, ihr würdet die Unkosten nicht berechnen, die ihr dazu hergebt! [...] Bruder, lieber Kestner! wollt ihr warten so wird euch geholfen. Ich wollt um meines eignen Lebens Gefahr willen Werthern nicht zurückrufen, [...] – Werther muss – muss seyn! – Ihr fühlt *ihn* nicht, ihr fühlt nur *mich* und *euch*, und was ihr *angeklebt* heisst – und trutz euch – und andern – *eingewoben* ist[2] – Wenn ich noch lebe, so bist dus dem ichs danke – bist also nicht Albert – Und also –
Gib Lotten eine Hand ganz warm von mir, und sag ihr: Ihren Nahmen von tausend heiligen Lippen mit Ehrfurcht ausgesprochen zu wissen, sey doch ein Aequivalent gegen Besorgnisse, die einem kaum ohne alles andere im gemeinen Leben, da man jeder Baase ausgesetzt ist, lange verdriesen würden.
Wenn ihr brav seyd und nicht an mir nagt, so schick ich euch Briefe, Laute, Seufzer nach Werthern [...]
Und mein Versprechen bedenkt. *Ich* allein kann *erfinden*, was euch völlig ausser aller Rede setzt, ausser dem windgen Argwohn. Ich habs in meiner Gewalt, noch ists zu früh!«

(Kestner, S. 232 ff.)

Kestner war, wie gesagt, nicht der einzige, der die Wahrheit des Romans in seiner tatsächlichen Wirklichkeitstreue suchte. Wegen der kaum verhüllten Ähnlichkeiten zwischen den Verhältnissen im Roman und in der Wetzlarer Gesellschaft glaubten viele Leser, es handle sich hier um einen Schlüsselroman und jeder sei eingeladen, den Dingen nachzuforschen. – Ein kurhannoverscher Gardeleutnant namens von Breitenbach veröffentlichte sogar eine sechzehnseitige »Berichtigung der Geschichte des jungen Werthers«. Goethe, der bald die lästige und dauerhafte Nebenwirkung seines alten Hausmittels spürte, bekannte:

»[...] daran hatte ich nicht gedacht, daß mir durch teilnehmende, wohlwollende Seelen eine unleidliche Qual bereitet sei: denn anstatt daß mir jemand über mein Büchlein, wie es lag, etwas Verbindliches gesagt hätte, so wollten sie sämtlich

2. In dem Briefentwurf hatte Kestner vom »Verweben und Zusammenschmelzen« gesprochen, nicht vom Ankleben.

ein für allemal wissen, was denn eigentlich an der Sache wahr sei? worüber ich denn sehr ärgerlich wurde, und mich meistens höchst unartig dagegen äußerte. Denn diese Frage zu beantworten, hätte ich mein Werkchen, an dem ich so lange gesonnen, um so manchen Elementen eine poetische Einheit zu geben, wieder zerrupfen und die Form zerstören müssen, wodurch ja die wahrhaften Bestandteile selbst wo nicht vernichtet, wenigstens zerstreut und verzettelt worden wären. Näher betrachtet, konnte ich jedoch dem Publikum die Forderung nicht verübeln. Jerusalems Schicksal hatte großes Aufsehen gemacht. [...] Jedermann fragte nun, wie das möglich gewesen, und als man von einer unglücklichen Liebe vernahm, war die ganze Jugend, als man von kleinen Verdrießlichkeiten, die ihm in vornehmerer Gesellschaft begegnet, sprach, der ganze Mittelstand aufgeregt, und jedermann wünschte das Genauere zu erfahren. [...] Dergleichen peinliche Forschungen hoffte ich in einiger Zeit loszuwerden; allein sie begleiteten mich durchs ganze Leben. Ich suchte mich davor auf Reisen durchs Inkognito zu retten[3], aber auch dieses Hülfsmittel wurde mir unversehens vereitelt, und so war der Verfasser jenes Werkleins, wenn er ja etwas Unrechtes und Schädliches getan, dafür genugsam, ja übermäßig durch solche unausweichliche Zudringlichkeiten bestraft.«

(Dichtung und Wahrheit, III, 13)

Jerusalem konnte sich nicht mehr zu der dichterischen Bearbeitung seines letzten Entschlusses äußern. Lessing sprach an seiner Statt und bemühte sich, ihn von dem berüchtigten Romanhelden zu unterscheiden, indem er die denkerische Leistung seines jungen Freundes herausstellte und im Vorwort dazu jene nachrufartige, anerkennende Charakteristik entwarf, die bereits Kap. III unter den historisch-biographischen Zeugnissen eingerückt wurde.

3. Als Goethe am 14. Mai 1775 mit den Grafen Stolberg und Graf von Haugwitz nach der Schweiz aufbrach, trugen die vier »Haimonskinder« allerdings Werther-Tracht.

2. Die Rezensenten

Von einigen Ausnahmen abgesehen[4], brachten die zeitgenössischen Rezensionen wenig Erhellung über den »Werther« als Kunstwerk. Vielmehr wurde der Stoff des Romans zum Prüfstein der Gesinnung; die Reaktion darauf wies die Rezensenten oft deutlich genug in je eines der unschwer zu erkennenden drei Lager, nämlich in das der Stürmer und Dränger, das der Aufklärer oder des orthodoxen Klerus.
Die jungen Stürmer und Dränger, Schubart, Heinse und Lenz, Bürger, Voss, Karl Philipp Moritz und die Stolbergs, begrüßten Werther mit überschwenglicher Begeisterung als einen der Ihren und stimmten meist vorbehaltlos mit ihm überein.
Die Aufklärer, Lessing, Nicolai, Mendelssohn, Lichtenberg, Möser, Sulzer und Bodmer, die dem Werk noch am ehesten hätten gerecht werden können, schätzten wohl die Großzügigkeit des Charakters, die hinreißende Sprache und andere Einzelheiten, fanden bis auf Wieland aber doch mit aller Zurückhaltung älterer Herren, daß die Vernunft, wie ihnen der Ausgang der Geschichte bewies, in diesem Buch zu kurz komme.
Der orthodoxe Klerus endlich, allen voran Melchior Goeze[5], sah im »Werther« nichts als eine freche Verteidigung des Selbstmordes und rief nach der Zensur.

Die nachfolgenden Ausschnitte spiegeln das Spektrum der öffentlichen zeitgenössischen Kritik:

»– Da sitz ich mit zerfloßnem Herzen, mit klopfender Brust, und mit Augen, aus welchen wollüstiger Schmerz tröpfelt, und sag Dir, Leser, daß ich eben *die Leiden des jungen Werthers* von meinem lieben *Göthe* – gelesen? – Nein,

4. z. B. Christian Friedrich von Blankenburg in der »Neuen Bibliothek der Schönen Wissenschaften und der freien Künste«, Leipzig 1775, Bd. 18, 1. Stück, S. 46–95.
5. derselbe, der sich wegen der »Fragmente eines Ungenannten«, 1774 ff., von Hermann Samuel Reimarus mit Lessing anlegte und von Nicolai in dem Roman »Das Leben und die Meinungen des Herrn Magister Sebaldus Nothanker«, 1773–76, als orthodoxer Fanatiker lächerlich gemacht wird.

verschlungen habe. Kritisiren soll ich? Könnt ichs, so hätte ich kein Herz. [...] Soll ich einige schöne Stellen herausheben? Kann nicht; das hiesse mit dem Brennglas Schwamm anzünden, und sagen: Schau, Mensch, das ist Sonnenfeuer! – Kauf's Buch, und lies selbst! Nimm aber dein Herz mit! – Wollte lieber ewig arm seyn, auf Stroh liegen, Wasser trinken und Wurzeln essen, als einem solchen sentimentalischen Schriftsteller nicht nachempfinden können.«

(Schubart, Deutsche Chronik, Augsburg, 1774, 5. December. Zit. n. Braun, Bd. 1. S. 64)

»Wer gefühlt hat, und fühlt, was Werther fühlte; dem verschwinden die Gedanken, wie leichte Nebel vor Sonnenfeuer, wenn er's bloß anzeigen soll. Das Herz ist einem so voll davon, und der ganze Kopf ein Gefühl von Thräne. O Menschenleben, welche Gluth von Quaal und Wonne vermagst du in dich zu fassen! Da liegt er im Kirchhof unter den zwo Linden im hohen Grase. Tief ist sein Schlaf, niedrig sein Küssen von Staub; und o wenn wird es Morgen im Grabe, zu bieten dem Schlummerer: Erwache! Armer Werther! Unglücklichere Lotte! [...]
Habe warmen, herzlichen Dank, guter Genius, der du Werthers Leiden den edlen Seelen zum Geschenke gabst.«

(Jakobi, Iris, Düsseldorf, 1774, December, pag. 78–81. Zit. n. Braun, Bd. 1. S. 65 f. Verfasser: Johann Jacob Wilhelm Heinse)

»Weiß nicht, obs 'n Geschicht oder 'n Gedicht ist; aber ganz natürlich gehts her, und weiß einem die Thrähnen recht aus 'm Kopf herauszuholen. Ja, die Liebe ist 'n eigen Ding; läßt sich's nicht mit ihr spielen wie mit einem Vogel. Ich kenne sie, wie sie durch Leib und Leben geht, und in jeder Ader zückt und stört, und mit 'm Kopf und der Vernunft kurzweilt. Der arme Werther! er hat sonst so gute Einfälle und Gedanken. Wenn er doch eine Reise nach Pareis oder Pecking gethan hätte. So aber wollt' er nicht weg vom Feuer und Bratspieß, und wendet sich so lange d'ran herum, bis er caput ist; und ist eben das Unglück, und darum sollen sie unter der Linde an der Kirchhofmauer neben seinem Grabe eine Graßbank machen, daß man sich darauf hinsetze und den Kopf in die Hand lege und über die menschliche Schwachheit weine. – Aber wenn du ausgeweint hast, sanfter guter Jüngling, wenn du ausgeweint hast; so hebe den Kopf frölich auf, und stemme die Hand in die Seite, denn es giebt Tugend, die, wie die Liebe, auch durch Leib und Leben geht und in jeder Ader zückt und stört. Sie soll nur mit viel Ernst und Verleugnung errungen werden, und deswegen nicht sehr bekannt und beliebt seyn, aber wer sie hat dem soll sie auch dafür reichlich lohnen, bey Sonnenschein u. Regen, und wenn Freund Hain mit der Hippe kömmt.

Aßmus.«

(Der Deutsche, sonst Wandsbecker Bothe, Wandsbeck, 1774, 22. October. Zit. n. Braun, Bd. 1. S. 49 f. Verfasser: Matthias Claudius, Herausgeber des »Wandsbecker Bothen«)

»– Glücklicher Mann! der du mit Werthern sympathisiren – fühlen kannst, daß er in *seinen* Umständen, bey *seiner* empfindungsvollen Denkungsart, gerade so handeln müssen, sey mir gegrüßet unter den wenigen Edeln! – Und du verehrungswürdige Schöne, die du mit Lotten den ganzen Werth unsers Werthers zu schätzen weist, die du seinem Andenken eine dich verschönernde Thräne zollst, mögest du doch in den Armen deines Gatten, jetzt oder in Zukunft, alle die Seeligkeiten einathmen, die Dein und mein unglücklicher Freund nur in der Ferne schimmern sah.«

(Frankfurter gelehrte Anzeigen, Frankfurt am Mayn, 1774, 1. November. Zit. n. Braun, Bd. 1. S. 54 f.)

»Gresset ist, so viel ich weiß, der einzige dramatische Schriftsteller, welcher den *Selbstmord* nicht zur Pointe sondern zum Thema eines Stücks gemacht hat. Hier ist es aber nicht um kalte moralische Discussionen, sondern darum zu thun, die Wahrscheinlichkeit zu zeigen, wie ein vernünftiger und sonst schätzbarer Mann bis zu einem solchen Schritte gebracht werden kann. [...] in einer langen Reihe von Briefen können wir den Charakter desselben nach allen seinen kleinen Bestimmungen so durchschauen, daß wir ihn selbst an den Rand des Abgrundes begleiten. [...] Einen einzelnen Selbstmörder rechtfertigen, und auch nicht rechtfertigen, sondern nur zum Gegenstande des Mitleids zu machen, in seinem Beyspiele zu zeigen, daß ein allzuweiches Herz und eine feurige Phantasie oft sehr verderbliche Gaben sind, heißt keine Apologie des Selbstmords schreiben. [...] Unzufriedenheit mit den Schicksale ist eine der allgemeinen Leidenschaften, und daher sympathisirt hier jeder, zumal da Werthers liebenswürdige Schwärmerey und wallendes Herz jeden anstecken müssen. Ausser der Kunst des Verfassers, die Nüancen aller Leidenschaften zu treffen, verdient die populäre Philosophie Lob, womit er sein ganzes Werk durchwürzt hat. *Ich will das Gegenwärtige genießen, und das Vergangne soll mir Vergangen seyn,* und hundert solche Maximen, die aus Werthers nicht misantropischen, sondern bewegten Herzen fließen, machen mehr Eingang, als die strotzenden Predigten unsrer täglichen Romane.«

(Der Teutsche Merkur, Weimar, 1774, December, pag. 241–243. Zit. n. Braun, Bd. 1. S. 68 f. Verfasser: Christoph Martin Wieland)

»Der Hauptvorzug dieses, eben dadurch ganz vortreflichen Romans, besteht in der volkomnen Bearbeitung des Charakters der Hauptperson; der so ein Ganzes ausmacht, welches in allen seinen Bestimmungen eine so volständige Einheit bildet, daß man sich kein wahreres und nach der Natur getreuer gezeichnetes Bild eines menschlichen Charakters vorstellen kan. Die Schluskatastrophe, worauf alles abzwekt, entspringt nicht nur natürlich aus dem Charakter, und läst sich wohl damit zusammenreimen: das findet man in mehrern Romanen und Gedichten. Hier aber, und dazu gehört gewis ein ganz besonders Genie, sieht man, daß es unmöglich ist, daß die Katastrophe nicht erfolge. Kurz, die Leiden des jungen Werthers sind die allervortreflichste Erläuterung durch ein Beispiel von dem Satze: Die Menschen werden zu ihren jedesmaligen Handlungen durch die zusammengesezte Wirkung der Umstände und ihres Charakters unwiderstehlich bestimt. Wer dieser Meinung in der Weltweisheit zugethan ist, kan sich an dem Buche nicht sat lesen. [...] Die Kunst, womit der Hauptcharakter angelegt ist, so, daß er bei vielen Fehlern höchst interessant bleibt; die Energie des Ausdruks, die frappanten Gedanken, die Werthers eigenthümliche Art, die Dinge der Welt zu betrachten, an unzähligen Orten hervorbringt; das sind alles Dinge, die gewis keinem Leser von Gefühl entgangen sind. [...] Wir wollen [...] zwo Klagen erörtern, die man gegen das Buch geführt hat; erstlich, daß es gefährlich sey, indem es den Selbstmord

lehre und dazu anreize; zweitens, daß der Verfasser Unrecht gethan hat, eine gewisse wahre Geschichte zum Grunde seines Werks zu legen [...] O! man braucht gewis nicht zu besorgen, daß diese Sünde jemals unter den Menschen Mode werde, dafür hat die Natur wol gesorgt. In der That, es gehören besondre Umstände, eine ganz besondre, einem Krankheitszustande sehr ähnliche Gemüthsbeschaffenheit dazu, um den desperaten Entschlus zu fassen, sich selbst zu entleiben [...] Und so eine Gemüthsbeschaffenheit bringt kein Buch hervor. [...] Zudem lobt und vertheidigt der Verf. nirgend seines Helden That. [...]
Noch unbilliger scheint uns die zwote gegen denselben erregte Klage. [...] Es ist dies so wenig das Bild des bewusten Jünglings, als der Roman dessen Geschichte enthält. Einige Umstände sind daher genommen, die Schilderung einiger Oerter gleicht denen, wo die Geschichte sich zugetragen hat. Das hat hirnlosen Anekdotenjägern Gelegenheit gegeben, in die Welt zu schreien: Die Leiden des jungen Werthers ist die Geschichte von dem und dem. Es ist hart, wenn das nicht diesen Anekdotenjägern, sondern dem Verf. zur Last gelegt werden sol. Jene muß man schelten, nicht ihn.«

(Auserlesene Bibliothek der neuesten deutschen Litteratur, Lemgo, 1775, 8. Band, pag. 500–510. Zit. n. Braun, Bd. 1. S. 148–155)

»– Auch für mich ist der Charakter des jungen *Werthers* äußerst interessant gewesen. Ich sympathisire sehr mit seinen Empfindungen über das Schicksal der Menschheit [...] – Sonst sind Werthers Empfindungen allerdings überspannt: er verachtet einen niedrigern Grad von Empfindlichkeit, die dabey wirklich sehr weit und richtig seyn kann, mit eben dem tadelhaften Stolze, womit der große Gelehrte den minder Belesenen zu verachten pflegt. Er hat nicht allgemeines Menschengefühl. Das eine sind ihm Schurken und Teufel; das andere Engel. [...]
Dies macht bey *Werthern* einen Theil seiner Schuld aus, daß er diese Einschränkung und Concentration seiner ganzen großen Empfindsamkeit auf jeden kleinen Gegenstand für ein Verdienst hält, sich darinn mehr und mehr übt, und alles was seine Aufmerksamkeit auf mehr wichtige Objekte ziehen könnte, für Zerstreuung, für Abhaltung von dem Stre-

ben nach Vollkommenheit ansieht. Daher auch sein Stolz, der sonst mit der Liebe gegen die geringsten Menschen, und selbst gegen Pflanzen und Insekten, die er zu seiner vorzüglichsten Eigenschaft macht, so wenig bestehen kann. [...] Man hat die Leiden Werthers hie und da für ein gefährliches Buch gehalten, das zum Selbstmord verführte. [...] Zum Selbstmord wird man schwerlich verführt. Aber dennoch [...] war es freylich Unrecht, die spitzfindigsten Scheingründe *für* die That mit aller Stärke der Beredsamkeit vorzutragen, indeß die wahren Gründe *dawider* übergangen oder ungeschickt verfochten wurden. [...] Dieses [...] ist wohl der größte Vorwurf, den man dem Verfasser der Leiden Werthers machen kann, und gegen den er sich vielleicht am wenigsten rechtfertigen ließe. – –

V«

(J. J. Engel, Der Philosoph für die Welt, Leipzig, 1775, 1. Theil, 2. Stück, pag. 21–33. Zit. n. Braun, Bd. 1. S. 128–133. Verfasser: Christian Garve)

»So gern wir zur Ehre des berühmten Herrn *Göthe* glauben wollen, daß er sich bey jener in vieler Absicht so meisterhaften Production seines Genies, weder die Vertheidigung des Selbstmordes zum Endzweck vorgesetzt noch auch gesucht haben mag, die Asche des unglücklichen *Werthers* zu beschimpfen oder die Ueberlebenden damit zu kränken; so müssen wir doch immer wünschen, daß er seine ungewöhnlichen Gaben entweder auf einen ganz andern Gegenstand gewendet, oder wenigstens diesen, anders und sittlicher behandelt hätte. Da das aber jetzt nun nicht mehr zu ändern ist; so müssen wir *den* Mann segnen, der mit gleichem Witz aber dabey mit mehr practischer Philosophie uns ein so heilsames Gegengift geliefert hat, als die vor uns liegenden vortreflichen Bogen, unter dem Titel: *Die Freuden des jungen Werthers*[6], in sich enthalten.«

(Berlinische Nachrichten von Staats- und Gelehrten-Sachen, Berlin, 1775, 2. Februar. Zit. n. Braun, Bd. 1. S. 76 ff.)

»Zu den Schriften welche der Hr. Verf. als sichtbare Beyspiele der Ausbrüche des Verderbens unsrer Zeiten anführet,

6. Siehe unten, Seite 141 ff.

rechnen wir billig noch die *Leiden* (Narrheiten u. Tollheiten, solte es heissen) *des jungen Werthers*, einen Roman, welcher keinen andern Zweck hat, als das schändliche von dem Selbstmorde eines jungen Witzlings, den eine närrische und verbotene Liebe, und eine daher entsprungene Desparation zu dem Entschlusse gebracht haben, sich die Pistole vor den Kopf zu setzen, abzuwischen, und diese schwarze That als eine Handlung des Heroismus vorzuspiegeln, einen Roman, der von unsern jungen Leuten nicht gelesen sondern verschlungen wird [...] Natürlich kann die Jugend keine andre als diese Lehren daraus ziehen: Folgt euren natürlichen Trieben. Verliebt euch, um das Leere eurer Seele auszufüllen. Gaukelt in der Welt herrum; will man euch zu ordentlichen Berufsgeschäften führen, so denket an das Pferd, das sich unter den Sattel bequemte, und zu schanden geritten wurde. Will es zuletzt nicht mehr gehen, wohlan ein Schuß Pulver ist hinlänglich aller eurer Noth ein Ende zu machen. Man wird eure Grosmuth bewundern, und den Schönen wird euer Name heilig seyn. Und was ist zuletzt das Ende von diesem Liede? dieses: lasset uns essen und trinken und fröhlich seyn, wir können sterben wenn wir wollen. Ohngefähr sind wir geboren, und ohngefähr fahren wir wieder dahin, als wären wir nie gewesen.
Welcher Jüngling kann eine solche verfluchungswürdige Schrift lesen, ohne ein Pestgeschwür davon in seiner Seele zurück zu behalten, welches gewis zu seiner Zeit aufbrechen wird. Und keine Censur hindert den Druck solcher Lockspeisen des Satans? [...] Ewiger Gott! was für Zeiten hast du uns erleben lassen!«

(Freywillige Beyträge zu den Hamburgischen Nachrichten aus dem Reiche der Gelehrsamkeit, Hamburg, 1775, 21. März. Zit. n. Braun, Bd. 1. S. 86–90)

»Einem jeden Christen, der für das Wort seines Heylandes: *Ich sage euch, wer ein Weib ansiehet, ihr zu begehren, der hat schon die Ehe mit ihr gebrochen in seinem Herzen*, Matth. 5, 28. noch einige Ehrerbietung hat, der die Worte des heil. Johannes: *Wir wissen, daß ein Todtschläger nicht hat das ewige Leben bey ihm bleibend*, 1. Joh. 3, 15. als einen Lehrsatz ansiehet, welcher sich auf ein unveränderliches Urtheil unsers allerheiligsten und allerhöchsten Richters grün-

det, muß nothwendig das Herz bluten, wenn er die *Leiden des jungen Werthers* lieset. Das gelindeste Urtheil, das man von dieser Schrift fällen kann, ist dieses: *sie ist der verwegenste Widerspruch gegen beyde.* [...]
Da das Sprüchwort eine völlig gegründete Wahrheit ist: *daß derjenige der sein eigen Leben nicht achtet, allezeit der Herr über das Leben eines andern sey;* so haben Obrigkeiten und Regenten die allergrößteste Ursach, auf Schriften aufmerksam zu seyn, welche der unbesonnenen und brausenden Jugend den Grundsatz: *daß die Vorstellung, daß sie diesen Kerker verlassen können, wenn sie wollen, ein süsses Gefühl der Freyheit sey,* einzuflössen suchen. *Goeze.*«

(Freywillige Beyträge zu den Hamburgischen Nachrichten aus dem Reiche der Gelehrsamkeit, Hamburg, 1775, 4. April)

»Ewiger Gott! wer hätte von uns vor 20 Jahren denken können, daß wir die Zeiten erleben würden, in welchen mitten in der evangelisch-lutherischen Kirche, *Apologien für den Selbstmord* erscheinen, und in *öffentlichen Zeitungen* angepriesen werden dürften. Gehet es auf diesen Fuß fort, so werden wir bald laudes Sodomiae, wenigstens neue Auflagen, oder gar Uebersetzungen der Aloysia Sigäa sehen. [...] Noch mehr! ist es eine Heldenthat, sich selbst, mit Vorsatz und Ueberlegung den Lebensfaden abzuschneiden; so wird es wol kein so großes Verbrechen seyn, andre, welche uns im Wege stehen auf eine gute Art aus der Welt zu schaffen. Das *Edelmannische* Principium; nur dasjenige ist Sünde, was die Obrigkeit bestraft, wird auf diesem Wege, allgemein werden, und Menschen-Witz wird zureichen, die Giftmischerey so einzurichten, daß die Bestrafung derselben unmöglich werden wird. [...] Kurz! wenn nach den *semlerischen* Grundsätzen die heilige Schrift zu Grunde gerichtet, oder wenn sie nach den *Bahrdtischen* modernisirt, das ist lächerlich und stinkend gemacht wird, was wird alsdenn aus der Christenheit werden? ein Sodom und Gomorra.[7] *Goeze.*«

(Freywillige Beiträge zu den Hamburgischen Nachrichten aus dem Reiche der Gelehrsamkeit, Hamburg, 1775, 7. April. Zit. n. Braun, Bd. 1. S. 94–105)

7. Zu Semler und Bahrdt s. Kap. I, Anm. zu 95,13 *moralisch-kritischen Reformation* und zu 95,24 f. *Kennikot, Semler und Michaelis.*

Der Hainbündler Christoph Heinrich Hölty (1748–76) berichtet aus Göttingen in einem Brief vom Dezember 1774 an Charlotte von Einem:

»Einige der Herren Professoren haben den Werther als ein verführerisches Buch verbieten lassen wollen.«

(Zit. n. Migge, S. 34)

In Leipzig erließ der Stadtrat auf Antrag der theologischen Fakultät im Januar 1775 ein Verbot des Verkaufs von »Werthers Leiden« bei Strafe von 10 Talern. Das Verbot, das sogar untersagte, Werther-Tracht anzulegen, blieb bis 1825 in Kraft.

Am 16. September 1776 ersuchten die Kleriker Homius, Balle und Jansen in Kopenhagen um Zensur. Sie zitierten aus Werthers Brief vom 21. 12. 72 den Absatz »Und was ist das? daß Albert dein Mann ist!« (S. 138 f.) und meinten dazu:

»Diese Proben werden wohl zu Genüge beweisen, dass dieser Roman als eine Schrift bezeichnet werden muss, die die Religion bespottet, die Laster beschönigt und das Herz und die guten Sitten verderben kann, und zwar ist dieselbe um so gefährlicher für unschuldige und nicht genügend befestigte Menschen, da der Verfasser sich genug Mühe gegeben hat alles in einem schönen Stil und einem blühenden Vortrag vorzulegen. [...]
P. S. Die kurze Zeit ist schuld daran, dass wir nicht von der anderen Hauptperson in diesem Roman, nämlich Lotte, berichtet haben, dass sie selbst gleichfalls ein anstössiges Exempel ist [...]«

(Nach einem maschinenschriftl. Blatt im Lottehaus, Wetzlar)

Zwanzig Jahre nach Erscheinen des »Werther« gab Schiller in seiner Auseinandersetzung über naive und sentimentalische Dichtung in den »Horen« Einblick in die tragische Notwendigkeit des umstrittenen Romanendes:

»Ein Charakter, der mit glühender Empfindung ein Ideal umfaßt, und die Wirklichkeit fliehet, um nach einem wesenlosen Unendlichen zu ringen, der was er in sich selbst unaufhörlich zerstört, unaufhörlich ausser sich suchet, dem nur

seine Träume das Reelle, seine Erfahrungen ewig nur Schranken sind, der endlich in seinem eigenen Daseyn nur eine Schranke sieht, und auch diese, wie billig ist, noch einreißt, um zu der wahren Realität durchzudringen – dieses gefährliche Extrem des sentimentalischen Charakters ist der Stoff eines Dichters geworden, in welchem die Natur getreuer und reiner als in irgend einem andern wirkt, und der sich unter modernen Dichtern vielleicht am wenigsten von der sinnlichen Wahrheit der Dinge entfernt.
Es ist interessant zu sehen, mit welchem glücklichen Instinkt alles was dem sentimentalischen Charakter Nahrung giebt, im *Werther* zusammengedrängt ist; schwärmerische unglückliche Liebe, Empfindsamkeit für Natur, Religionsgefühle, philosophischer Contemplationsgeist, endlich, um nichts zu vergessen, die düstre, gestaltlose, schwermüthige Ossianische Welt. Rechnet man dazu, wie wenig empfehlend, ja wie feindlich die Wirklichkeit dagegen gestellt ist, und wie von aussen her alles sich vereinigt, den Gequälten in seine Idealwelt zurückzudrängen, so sieht man keine Möglichkeit, wie ein solcher Charakter aus einem solchen Kreise sich hätte retten können.«

(Die Horen. Erster Jahrgang. Zwölftes Stück.
I Die sentimentalischen Dichter. S. 35 f.)

Schillers Urteil aus kluger kunsttheoretischer Einsicht blieb aber nicht das letzte Wort. Mit beginnender Politisierung der Literatur durch die Jungdeutschen rückte auch der »Werther« in ein neues Licht. Heinrich Heine (1797 bis 1856) verkündete »die Revolution tritt in die Literatur!« und wies auf das gesellschaftskritische Moment als einen lange übersehenen Hauptpunkt des »Werther«. Damit nahm Heine bereits den Deutungsansatz von Georg Lukács voraus:

»Ist es doch nie die Poesie an und für sich, was den Produkten eines Dichters Celebrität verschafft. Betrachten wir nur den Goetheschen ›Werther‹. Sein erstes Publikum fühlte nimmermehr seine eigentliche Bedeutung, und es war nur das Erschütternde, das Interessante des Faktums, was die große Menge anzog und abstieß. Man las das Buch wegen des Totschießens, und Nicolaiten schrieben dagegen wegen des Totschießens. Es liegt aber noch ein Element im ›Werther‹, welches nur die kleinere Menge angezogen hat, ich meine nämlich die Erzählung, wie der junge Werther aus der hochadeligen Gesellschaft höflichst hinausgewiesen wird. Wäre der ›Werther‹ in unseren Tagen erschienen, so hätte diese Partie des Buches weit bedeutsamer die Gemüter aufgeregt als der ganze Pistolenknalleffekt.«

(Heines Sämtliche Werke, hrsg. von Ernst Elster. [1887–90] Bd. 7. Leipzig u. Wien o. J. S. 226)

Neben diesen und zahlreichen anderen ernsthaften Auseinandersetzungen mit dem »Werther« gab es fast vom Erscheinen des Buches an auch Parodien, die sich um eine befreiende Wirkung in dem oft hitzigen Meinungsstreit bemühten. Heinrich Gottfried von Bretschneider (1739–1810) dichtete:

Eine entsetzliche

Mordgeschichte

von dem

jungen Werther,

wie sich derselbe den 21. Dezember durch einen Pistolenschuß eigenmächtig ums Leben gebracht.
Allen jungen Leuten zur Warnung, in ein Lied gebracht, auch den Alten fast nutzlich zu lesen.

Im Ton: Hört zu, ihr lieben Christen usw.
1776

Hört zu, ihr Junggesellen,
Und ihr, Jungfräulein zart!
Damit ihr nicht zur Höllen
Aus lauter Liebe fahrt.

Die Liebe, traute Kinder!
Bringt hier auf dieser Welt
Den Heil'gen wie den Sünder
Um Leben, Gut und Geld.

Ich sing euch von dem Mörder,
Der sich selbst hat entleibt;
Er hieß: der junge Werther,
Wie Doktor Goethe schreibt.

So witzig, so verständig,
So zärtlich als wie er,
Im Lieben so beständig,
War noch kein Sekretär.

Ein Pfeil vom Liebesgotte
Fuhr ihm durch's Herz geschwind.
Ein Mädchen, sie hieß Lotte:
War eines Amtmanns Kind,

Die stand, als Vize-Mutter
Geschwistern, treulich, vor
Und schmierte Brot mit Butter
Dem Fritz und Theodor,

Dem Lieschen und dem Kätchen –
So traf sie Werther an
Und liebte gleich das Mädchen,
Als wär's ihm angetan.

Wie in der Kinder Mitte
Sie da, mit munterm Scherz,
Die Butterrahmen schnitte –
Da raubt' sie ihm das Herz.

Er sah beklebt mit Rotze
Ein feines Brüderlein
Und küßt', dem Rotz zum Trotze,
An ihm die Schwester sein.

Fuhr aus, mit ihr zu tanzen,
Wohl eine ganze Nacht,
Schnitt Menuetts der Franzen
Und walzte, daß es kracht'.

Sein Freund kam angestochen,
Blies ihm ins Ohr hinein:
Das Mädchen ist versprochen
Und wird den Albert frein.

Da wollt' er fast vergehen,
Spart' weder Wunsch noch Fluch,

Wie alles schön zu sehen
In Doktor Goethes Buch.

Kühn ging er, zu verspotten
Geschick und seinen Herrn,
Fast täglich nun zu Lotten,
Und Lotte sah ihn gern.

Er bracht' den lieben Kindern
Lebkuchen, Marzipan,
Doch alles konnt's nicht hindern,
Der Albert wurd' ihr Mann.

Des Werthers Angstgewinsel
Ob diesem schlimmen Streich
Malt Doktor Goethes Pinsel,
Und keiner tut's ihm gleich.

Doch wollt' er noch nicht wanken
Und stets bei Lotten sein,
Dem Albert macht's Gedanken,
Ihm traumte von Geweihn.

Herr Albert schaute bitter
Auf die Frau Albertin –
Da bat sie ihren Ritter:
»Schlag mich dir aus dem Sinn.

Geh fort, zieh in die Fremde!
Es gibt der Mädchen mehr –«
Er schwur beim letzten Hemde,
Daß sie die einz'ge wär.

Als Albert einst verreiste,
Sprach Lotte: »Bleib von mir«,
Doch Werther flog ganz dreiste
In Alberts Haus zu ihr.

Da schickte sie nach Frauen,
Und leider keine kam, –
Nun hört mit Furcht und Grauen,
Welch Ende alles nahm.

Der Werther las der Lotte
Aus einem Buche lang,
Was einst ein alter Schotte
Vor tausend Jahren sang.

Es war ganz herzbeweglich,
Er fiel auf seine Knie,
Und Lottens Auge kläglich
Belohnt ihm seine Müh.

Sie strich mit ihrer Nase
Vorbei an Werthers Mund,
Sprang auf als wie ein Hase
Und heulte wie ein Hund.

Lief in die nahe Kammer,
Verriegelte die Tür
Und rief mit großem Jammer:
»Ach Werther, geh von mir!«

Der Arme mußte weichen.
Alberten, dem's verdroß,
Konnt's Lotte nicht verschweigen,
Da war der Teufel los.

Kein Werther konnt' sie schützen,
Der suchte Trost und Mut
Auf hoher Felsen Spitzen
Und kam um seinen Hut.

Zuletzt ließ er Pistolen,
Im Fall es nötig wär,
Vom Schwager Albert holen,
Und Lotte gab sie her.

Weil's Albert so wollt' haben,
Nahm sie sie von der Wand
Und gab sie selbst dem Knaben,
Mit Zittern, in die Hand.

Nun konnt' er sich mit Ehre
Nicht aus dem Handel ziehn.

Ach Lotte! die Gewehre,
Warum gabst du sie hin?

Alberten recht zum Possen
Und Lotten zum Verdruß,
Fand man ihn früh erschossen,
Im Haupte stak der Schuß.

Es lag, und das war 's Beste,
Auf seinem Tisch ein Buch.
Gelb war des Toten Weste,
Und blau sein Rock, von Tuch.

Als man ihn hingetragen
Zur Ruh, bis jenen Tag,
Begleit'n ihn kein Kragen
Und auch kein Überschlag.

Man grub ihn nicht in Tempel,
Man brennte ihm kein Licht;
Mensch, nimm dir ein Exempel
An dieser Mordgeschicht'!

(Jahrbuch der Sammlung Kippenberg. Bd. 1. Leipzig 1921. S. 207 ff.)

3. Private Zeugnisse

Von den zahlreichen persönlichen Zeugnissen der Werther-Aufnahme aus Briefen, Gesprächsniederschriften und Tagebüchern sei zunächst ein Brief der Gräfin Stolberg (1753–1835) vom 14. November 1774 an Heinrich Christian Boie, den Herausgeber des Göttinger »Musenalmanach«, zitiert:

»Sagen Sie mir, ich bitte Sie, was sagen Sie zu ›Die Leiden des jungen Werther‹? Ich kann Ihnen versichern, daß ich fast nichts – ich nehme allein unsern Klopstock aus – mit dem Entzücken gelesen habe. Ich weiß fast das ganze Buch auswendig. Der erste Teil insonderheit hat ganz göttliche Stellen, und der zweite ist schrecklich schön. – Goethe muß ein trefflicher Mann sein! Sagen Sie mir, kennen Sie ihn? Ich möchte ihn wohl kennen. Welches warme, überfließende Herz! Welche lebhafte Empfindungen! Wie offen muß sein Herz jeder Schönheit der Natur, des Geistes und des Herzens sein! Man fühlt es ihm in jeder Zeile ab, wie mich dünkt, daß er so und eben so denkt und empfindet, als er schreibt. – Nur wollte ich, daß er die Irrtümer in Werthers Art zu denken widerlegte oder zum wenigsten es den Leser fühlen lassen, daß es Irrtümer sind. Ich fürchte, viele werden glauben, daß Goethe selbst so denkt ...«

(Zit. n. Hamburger Ausgabe Bd. 6, S. 523 f.)

Die damals neunzehnjährige Gräfin Auguste lebte als Stiftsdame im Kloster Ütersen bei Hamburg und stand durch ihre Brüder Christian und Friedrich Leopold mit dem Göttinger Hain in Verbindung. Durch Boies Vermittlung entspann sich zwischen Goethe und Auguste, die einander niemals sahen, ein merkwürdig vertraulicher Briefwechsel, der erst abbrach, als 1776 Goethes Freundschaft mit Frau von Stein begann.[8]

Kritischer als die junge Gräfin Auguste äußerte sich Lessing, der durch seine Freundschaft mit Moses Mendelssohn und Friedrich Nicolai dem Kreis der Berliner Aufklärer nahestand. Er schrieb an Eschenburg, den Freund Jerusalems:

Mein lieber Herr Eschenburg,

Haben Sie tausend Dank für das Vergnügen, welches Sie mir durch Mittheilung des Göthischen Romans gemacht haben. Ich schicke ihn noch einen Tag früher zurück, damit auch andere dieses Vergnügen je eher je lieber genießen können.
Wenn aber ein so warmes Produkt nicht mehr Unheil als Gutes stiften soll: meynen Sie nicht, daß es noch eine kleine kalte Schlußrede haben müßte? Ein Paar Winke hinterher, wie Werther zu einem so abentheuerlichen Charakter gekommen; wie ein andrer Jüngling, dem die Natur eine ähnliche Anlage gegeben, sich dafür zu bewahren habe. Denn ein solcher dürfte die poetische Schönheit leicht für die mora-

8. Vgl. Johann Wolfgang Goethe: Briefe an Auguste Gräfin zu Stolberg. Hrsg. von Jürgen Behrens. Bad Homburg 1968. – Biographisch und stilistisch bedeutsame Zeugnisse des jungen Goethe.

lische nehmen, und glauben, daß der gut gewesen seyn müsse, der unsre Theilnehmung so stark beschäftiget. Und das war er doch wahrlich nicht; ja, wenn unsers J***s Geist völlig in dieser Lage gewesen wäre, so müßte ich ihn fast – verachten. [...] Also, lieber Göthe, noch ein Kapitelchen zum Schlusse; und je cynischer, je besser! [...]

Dero
Wolfenb. den 26 October 1774. ganz ergebenster F. Lessing.

(G. E. Lessings sämmtliche Werke. Bd. 12, hrsg. von Karl Lachmann. Berlin 1840. S. 420)

Lessing plante ein Drama »Werther, der Bessere«. Der theatralische Nachlaß enthält einen Abriß der ersten Szene dazu. Leider erlaubt das Bruchstück keinen Schluß auf das Ganze.

Goethe hat viele Gespräche über den »Werther« geführt. Caroline Sartorius berichtet, wie sich der Dichter einmal zudringlicher Nachforschung über die Identität des Romanhelden erwehrte, indem er erklärte, »daß es zwei Personen in einer gewesen, wovon die eine untergegangen, die andere aber lebengeblieben ist, um die Geschichte der ersteren zu schreiben, so wie es im Hiob (1, 16) heißt: Herr, alle Deine Schafe und Knechte sind erschlagen worden, und ich bin allein entronnen, Dir Kunde zu bringen« (zit. n. Hamburger Ausgabe Bd. 6, S. 533).
Aus dem Tagebuch Henry Crabb Robinsons wissen wir, daß Goethe von dem Ossian-Kult, der durch den »Werther« gefördert wurde, abrückte. Goethe bemerkte: »it was never perceived by the critics that Werther praised Homer while he retained his senses, and Ossian when he was going mad« (vgl. Kap. I, Anm. zu 127,18 *Gesänge Ossians*).

»Werther« gehörte zur Lieblingslektüre Napoleons. Der Titel steht im Verzeichnis der »Bibliothèque de camp« unter der Abteilung »Romans« nach ›Voltaire‹ und ›Heloïse‹ an dritter Stelle. Als Goethe und Napoleon am 2. Oktober 1808 auf dem Erfurter Fürstentag zum erstenmal zusammentrafen, sprachen sie über das Buch:

»Er [Napoleon] wandte sodann das Gespräch auf den ›Werther‹, den er durch und durch mochte studirt haben. Nach

verschiedenen ganz richtigen Bemerkungen bezeichnete er eine gewisse Stelle und sagte: Warum habt Ihr das gethan? es ist nicht naturgemäss, welches er weitläufig und vollkommen richtig auseinander setzte.
Ich hörte ihm mit heiterem Gesichte zu und antwortete mit einem vergnügten Lächeln: dass ich zwar nicht wisse, ob mir irgend jemand denselben Vorwurf gemacht habe; aber ich finde ihn ganz richtig und gestehe, dass an dieser Stelle etwas Unwahres nachzuweisen sei. Allein, setzte ich hinzu, es wäre dem Dichter vielleicht zu verzeihen, wenn er sich eines nicht leicht zu entdeckenden Kunstgriffs bediene um gewisse Wirkungen hervorzubringen, die er auf einem einfachen natürlichen Wege nicht hätte erreichen können.
Der Kaiser schien damit zufrieden ...«

(Gräf, S. 660 f.)

Diesen Bericht hat Goethe sechzehn Jahre nach der Begegnung mit Napoleon abgefaßt. Wie hier hat er stets den Kern der Kritik Napoleons im dunkeln gelassen. Etwas mehr erfahren wir durch Kanzler Friedrich von Müller (1779 bis 1849), den Goethe unmittelbar nach dem Gespräch über den Verlauf unterrichtet hatte, er schreibt:

»October 2, Vormittags nach 11 Uhr, Erfurt.
›Werthers Leiden‹ versicherte er [Napoleon], siebenmal gelesen zu haben und machte zum Beweise dessen eine tief eindringende Analyse dieses Romans, wobei er jedoch an gewissen Stellen eine Vermischung der Motive des gekränkten Ehrgeizes mit denen der leidenschaftlichen Liebe finden wollte. ›Das ist nicht naturgemäss und schwächt bei dem Leser die Vorstellung von dem übermächtigen Einfluss, den die Liebe auf Werther gehabt. Warum haben Sie das gethan?‹
Goethe fand die weitere Begründung dieses kaiserlichen Tadels so richtig und scharfsinnig, dass er ihn späterhin oftmals gegen mich [Kanzler von Müller] mit dem Gutachten eines kunstverständigen Kleidermachers verglich, der an einem angeblich ohne Naht gearbeiteten Aermel sobald die fein versteckte Naht entdeckt.
Dem Kaiser erwiderte er: es habe ihm noch niemand diesen Vorwurf gemacht, allein er müsse ihn als ganz richtig anerkennen; einem Dichter dürfte jedoch zu verzeihen sein,

wenn er sich mitunter eines nicht leicht zu entdeckenden Kunstgriffs bediene, um eine gewisse Wirkung hervorzubringen, die er auf einfachem, natürlichem Wege nicht hervorbringen zu können glaube.«

(Zit. n. Gräf, S. 579 f.)

Offen bleiben die Fragen, ob Napoleon nur die erste Fassung des Romans kannte, in der das Motiv der gekränkten Ehre stärker hervortritt, ob Goethe sich nur aus Höflichkeit zu dieser Fassung bekannte und darum Herders Äußerungen zu diesem Punkt, Madame de Staëls Brief vom 28. April 1799 und Humboldts Brief vom 30. Mai 1800 absichtlich außer acht ließ. Oder hatte Napoleon überhaupt etwas anderes getadelt, da das Naturgemäße der doppelten Beweggründe doch zumindest für Goethe durch Jerusalems Schicksal bewiesen war? Und was wäre der nicht leicht zu entdeckende Kunstgriff? – Goethe wollte sich darüber nicht erklären; so bleibt sein bedeutsamstes Gespräch über den »Werther« rätselhaft.

4. Die Wertheriaden

»Werther« war Goethes größter Bucherfolg. Die Erstfassung wurde bis 1790 etwa dreißigmal, die Zweitfassung etwa fünfundzwanzigmal zu Goethes Lebzeiten gedruckt. Hinzu kommen zahlreiche Übersetzungen. Die erste französische Übersetzung erschien 1775, die erste englische 1779, die italienische 1781.

Die Diskussion um die »Leiden des jungen Werthers« blieb nicht auf öffentliche Buchbesprechungen oder private Gespräche und Briefwechsel beschränkt. Der Roman erzeugte sofort eine Flut nachschaffender Auseinandersetzungen. Goedekes Bibliographie verzeichnet für die Zeit bis 1909 allein in Deutschland über 140 Titel. Der ersten französischen Übersetzung folgten schon bis 1797 etwa 15 weitere Ausgaben und Bearbeitungen.

Immer wieder wurde der Stoff aufgegriffen und umgeformt. Mit »Werther« beschäftigten sich Romane, Dramen, Gedichte, Briefsammlungen, Opern, Operetten, Parodien,

Bänkelsang, Volkstheater, Posse, Harlekinade, Ballett und ein Feuerwerk mit dem Titel »Werthers Zusammenkunft mit Lottchen im Elysium«. Darstellungen der Figuren und Szenen aus dem Roman wurden in Öl gemalt, in Kupfer gestochen und auf Porzellan gebrannt. Man kleidete sich wie Werther und Lotte und nahm ein Parfum mit dem Namen »Eau de Werther«. Weltschmerz wurde so modern, daß man vom ›Werther-Fieber‹ sprach und fürchtete, die hartnäckigsten Werther-Anhänger würden auch vor dem Selbstmord nicht haltmachen. Tatsächlich ertränkte sich am 16. Januar 1778 Christel von Laßberg mit dem »Werther« in der Tasche in der Ilm.

Von den vielen literarischen Nachahmungen indessen erreichten auch die ernsthaftesten nicht den Rang des Vorbildes. Meist wurde der Konflikt Werthers auf die Liebe eines jungen Mannes zu einer verheirateten Frau vereinfacht, oder, weil sich daran die Gemüter erhitzten, zum Anlaß einer Erörterung über den Selbstmord genommen, wobei der Ausgang der Geschichte den Standpunkt des Verfassers dokumentierte.

Der außerordentlich rührige Berliner Buchhändler Christoph Friedrich Nicolai (1733–1811), der als Verleger, Rezensent, Schriftsteller und Herausgeber der »Bibliothek der schönen Wissenschaften und der freien Künste« zu allen literarischen und philosophischen Fragen der Zeit Stellung nahm, fühlte sich als Verfechter des Rationalismus aufgerufen, die Jugend vor schwärmerischer Empfindsamkeit und Geniegläubigkeit zu warnen. Er beeilte sich, jenes zynische Schlußkapitelchen zum »Werther« zu liefern, nach dem Lessing in seinem Brief an Eschenburg verlangt hatte (Siehe S. 136 f). Die »Freuden des jungen Werthers. Leiden und Freuden Werthers des Mannes. Voran und zuletzt ein Gespräch«, Berlin bei Friedrich Nicolai, 1775, sind allerdings mehr als eine Parodie. Sie enthalten im Grunde das ernstgemeinte Gegenprogramm eines flachen Nützlichkeitsdenkers jener popularisierten Aufklärung, gegen die sich die Stürmer und Dränger gerade mit Eifer wandten.

Die »Freuden« beginnen und enden mit einem Gespräch zwischen Hanns, dem geniebegeisterten Jüngling, und Martin, dem vernünftigen Mann. Martin schmäht Hanns und seinesgleichen, die glauben, Werther sei als Vorbild zu verstehen;

er kritisiert Werther und will Hanns mit einer Geschichte beweisen, daß Werther auch ganz anders hätte enden können: vorausgesetzt, Albert und Lotte seien noch nicht verheiratet gewesen, als Albert des lang verschobenen Geschäfts wegen wegritt, dann hätte die Geschichte (S. 141) so verlaufen können:

Freuden des jungen Werthers

Als Albert aus seinem Zimmer* zurückkam, wo er mehr hin- und hergegangen war und sich gesammelt, als seine Pakete durchgesehen hatte, kam er wieder zu Lotten und fragte lächelnd:
»Und was wollte Werther? Sie wußten ja so gewiß, daß er vor Weihnachtsabends nicht wiederkommen würde!«
Nach Hin- und Widerreden gestand Lotte, aufrichtig wie ein edles deutsches Mädchen, den ganzen Vorgang des gestrigen Abends.** Indem sie's aber gesagt hatte, bangte sie auch schon, sie möchte, aus Unkunde zu lügen, ihm Wermut gereicht haben.
Nein, sagte Albert sehr ruhig: Sie haben Balsam in meine Seele gegossen. Sie verleugnen auch hierin Ihr edles Herz nicht. Aber ein wenig unüberlegt haben Sie gehandelt, meine liebe Lotte. Sie hatten ihm, wie ich merke, ein Versprechen abgezwungen, daß er vor Weihnachtsabend nicht wieder kommen wollte. Sie wollten mich dadurch beruhigen, weil Sie wußten, daß ich verreisen mußte, weil Sie, liebste Lotte, meine Eifersucht gemerkt hatten, die ich gern vor mir selbst verborgen hätte. Ich danke Ihnen dafür. *Er küßte ihr die Hand.* Aber da nun Werther wider sein Versprechen sich eindrang, so hätten Sie sich nicht so vertraulich mit ihm aufs Kanapee setzen und unter vier Augen in Büchern lesen sollen. Sie verließen sich auf die Reinheit Ihres Herzens.*** Dies ist für ein Mädchen ein sehr edles Bewußtsein. Aber da denkt der beste Kerl nicht dran, zumal wenn die Liebe Hindernisse find't und die Zeit kostbar ist. O Weiber! Macht's dem besten Buben weiß, daß er euch ein Versprechen ungestraft brechen darf, und er wird mehrere brechen wollen. –

* S. die Leiden des jungen Werthers zweiter Teil. S. 214 [= S. 141].
** S. 190–207 [= S. 126–136].
*** S. 192 [= S. 127].

So haben Sie's, liebste Lotte, ohn's zu denken, selbst so eingeleitet, daß Sie sich ins Kabinett verschließen mußten. – Die Scene war wirklich stark –
Lotte weinte bitterlich.
Albert nahm sie bei der Hand und sagte sehr ernsthaft: Beruhigen Sie sich, liebstes Kind. Sie lieben den Jungen, er ist's wert, daß Sie ihn lieben, Sie haben's ihm gesagt, mit dem Munde oder mit den Augen, 's ist einerlei. –
Lotte fiel ihm schluchzend in die Rede, beteuerte, daß sie ihn nicht liebe, daß er vielmehr nach der letzten Scene ihren Haß verdiene, daß sie ihn verabscheue. – –
Verabscheuen? das ist etwas, liebstes Lottchen, das lautet so, als ob Sie ihn noch liebten. Hätten Sie ganz gelassen gesagt, der Bursch wäre ihnen gleichgültig, so hätte ich ganz still geschwiegen, so hätte ich Ihnen nicht gesagt, daß ich wechselseitige Liebe nicht stören will, daß ich alle Ansprüche –
Großer Gott! rief Lotte laut schluchzend, indem sie sich das Gesicht mit dem Schnupftuche bedeckte, wie können Sie meiner so grausam spotten? Bin ich nicht Ihre Verlobte? Ja er soll mir sein was Sie wollen, gleichgültig! verabscheuungswürdig! so gleichgültig als – –
Als ich selbst? rief Albert. Das wäre für mich gut, aber nicht für ihn. Für mich wäre unter diesen Umständen –
Indem kam der Knabe, der Werthers Zettelchen* brachte, worin er Alberten um die Pistolen bat.
Albert las den Zettel. Murmelte vor sich: der Querkopf! ging in sein Zimmer, ergriff die Pistolen, lud sie selbst und gab sie dem Knaben: Da! bring sie, sagt' er, deinem Herrn. Sage ihm, er soll sich wohl damit in acht nehmen, sie wären geladen. Und ich ließe ihm eine glückliche Reise wünschen.
Lotte staunte – Albert erklärte ihr nun weitläufig, er gebe nach reifer Überlegung alle Ansprüche an sie auf. Er wolle eine zärtliche wechselseitige Liebe nicht stören. Er wolle sie beide und sich selbst nicht unglücklich machen. Aber er wolle ihr Freund bleiben. Er wolle selbst Werthers wegen sogleich an ihren Vater schreiben, das solle sie auch thun, und Werthern eher nichts sagen, bis sie Antwort erhalten habe.
Lotte, nach vielen Umschweifen, nach vieler weiblichen Zurückhaltung, gestand ihre herzliche Liebe zu Werthern, nahm

* S. 212 [in der Erstausgabe eigentlich S. 213 = S. 139 und 142].

Alberts Vorschlag dankbar an, und ging in ihr Zimmer, um zu schreiben.
Im Weggehen kehrte sie noch um, und äußerte eine ängstliche Besorgnis wegen der Pistolen.
Sein Sie ruhig, Kind! Wer sich von seinem Nebenbuhler Pistolen fordert, erschießt sich nicht. Und wenn er allenfalls – –
So schieden sie von einander.
Werther erhielt indessen die Pistolen, setzte eine vor den Kopf, drückte los, fiel zurück auf den Boden. Die Nachbarn liefen zu, und weil man noch Leben an ihm verspürte, ward er auf sein Bette gelegt.
Indessen wurden Werthers zwei letzte Briefe* an Lotten und der Brief an Alberten** dem letztern gebracht, und zugleich erscholl die Nachricht von Werthers trauriger That. Albert ließ dieselbe vor Lotten verbergen, las die sämtlichen Briefe, und ging ungesäumt nach Werthers Wohnung.
Er fand ihn auf dem Bette liegend, das Gesicht und das Kleid mit Blut bedeckt. Er hatte eine Art von Konvulsionen gehabt, und nun lag er ruhig mit stillem Röcheln.
Die Umstehenden traten weg und ließen beide allein.
Werther hob die Hand ein wenig empor und bot sie Alberten. Nun triumphiere, sagte er, ich bin nun aus deinem Wege!
Ich komme nicht zu triumphieren, sprach Albert ruhig, sondern dich zu bedauern, und wenn's möglich ist, dich zu trösten. Aber du bist rasch gewesen, Werther –
Werther stieß, für einen so Hartverwundeten beinahe mit zu heftiger Stimme, viel unzusammenhängendes garstiges Gewäsche aus, zum Lobe*** des süßen Gefühls der Freiheit diesen Kerker zu verlassen, wenn man will.
Albert. Dies ist, lieber Werther, ebenso wie die Freiheit dies Glas zu zerbrechen, eine Freiheit, der man sich nicht bedienen muß, weil sie nicht nützt, sondern schadet.
Werther. Heb dich von mir, vernünftiger Mensch! du bist zu kaltblütig, so einen Entschluß auch nur von fern zu denken!
Albert. Ja freilich, so kaltblütig bin ich, und dabei ist mir

* S. 185. 209 [= S. 123, 137].
** S. 218 [= S. 143].
*** S. 19 [= S. 13].

recht wohl zu Mute! Meinst etwa, 's wäre 'n edler großer Entschluß? Bild'st dir ein, 's wäre Kraft und That drin? Geh! bist 'n weichlicher Zärtling. Kannst aus der Mutter Natur Schublade, wenn's dir einfällt, nicht eben Zuckerwerk genug naschen,* so wild gleich aus 'r Haut fahren, denkst, sie giebt dir nie wieder Zucker.

Werther. O des weisen Vernünftlers! Und doch weißt du's, Mensch. 's war keine Hilfe da. Ich konnte nicht besitzen, was ich liebte. Und nun, *Er schlug die Hand übers Gesicht.* was kümmert mich Welt und Natur.

Albert. Armer Thor, der du alles so gering achtest, weil du so klein bist!** Konnt'st nicht? 's war keine Hilfe da? Konnt' nicht ich, der ich dich liebe, weil ein braver Junge bist, dir Lotten abtreten. Faß 'n Mut, Werther! ich will's noch itzt thun.

Werther richtete sich halb auf: Wie? Was? du könntest, du wolltest! – Schweig Unglücklicher! – deine Arznei ist Gift. – Denn was hülf's? – *Er sank wieder zurück.* Nein! 's ist auch nichts. – Du bist ein boshafter. – Wer kalt ist, ist boshaft – Hast dir's abstrahiert, wie du mich bis aufs Ende quälen willt. –

Albert. Guter Werther, bist 'n Thor! Wenn doch kalte Abstraktion nicht klüger wäre, als versengte Einbildung. – Da laß dir's Blut abwischen. Sah ich nicht, daß du'n Querkopf warst, und würd'st deinen bösen Willen haben wollen. Da lud ich dir die Pistolen mit 'ner Blase voll Blut, 's von 'em Huhn, das heute Abend mit Lotten verzehren sollt.

Werther sprang auf: Seligkeit – Wonne – usw. – Er umarmte Alberten. Er wollte es noch kaum glauben, daß sein Freund so großmütig gegen ihn handeln könne.

Albert sagte: Sprich nicht von Großmut; ein bischen kalte Vernunft thut's meiste, und den Rest thut's, daß ich'n Jungen liebe, wie du, in dem's liegt, noch viel zu schaffen. Das Ding mit dir und Lotten hat mir schon lang gewurmt. 's gefiel mir schon nicht, als du in dem geschloßnen Plätzchen, hinter den hohen Buchenwänden, dich zu ihren Füßen warfst;*** so unbefangen du dabei schienst, so war's doch

* S. 12 [= S. 9].
** S. 93 [= S. 59].
*** S. 108 [= S. 67].

ein so romantisch-feierliches Ding, das 'nem Bräutigam nicht in' Kopf will. Darüber habe ich denn allerlei hin- und hergedacht. Du wirst dich noch erinnern, wie sich Unmut und Unwillen aneinander vermehrten,* als du am Sonntage so ungebeten dableiben wolltest. Dem sann ich auch nach, und machte mir die leidige Abstraktion, daß meine Braut dich liebte. Du hältst mich für kalt, Werther, und ich bin's auch, wenn's Zeit ist, aber so warm bin ich doch, daß ich herzlich liebe und herzliche Gegenliebe verlange. Ich sah also, ich konnte mit Lotten nicht glücklich sein. Mein Entschluß war schon unterweges gefaßt, euch glücklich zu machen, weil ich selbst nicht glücklich sein konnte. Nun kam noch die gestrige Scene dazu. Lotte hat sie mir erzählt! Hör' Werther, 's 'st 'ne starke Scene! Und ich hab' auch dein'n Brief an Lotten** drüber gelesen. Hör' Werther, 's Ding 'st nu so! so!

Werther rief: Was meinstu? Meine Liebe ist rein wie die Sonne – Lotte ist ein Engel – vor dem alle Begierden schweigen. –

Albert sagte: Ich glaub 's ja! Aber, hör Werther, hätt'st 's auch wohl schreiben können, in dem letzten Briefe, worauf du sterben wolltest.

Und so gingen sie zum Abendessen.

In wenigen Monaten ward Werthers und Lottens Hochzeit vollzogen. Ihre ganze Tage waren Liebe, warm und heiter wie die Frühlingstage, in denen sie lebten. Sie lasen auch noch zusammen Ossians Gedichte, aber nicht Selmas Gesang*** oder den traurigen Tod der schönäugigten Dar-Thula, sondern ein wonniglich Minnelied von der Liebe der reizenden Colna-Dona, »deren Augen rollende Sterne waren, ihre Arme weiß wie Schaum des Stroms, und deren Brust sich sanft hob, wie eine Welle aus dem ruhigen Meere«.

Nach zehn Monaten war die Geburt eines Sohns die Losung unaussprechlicher Freude.

(Nicolai: Freuden des jungen Werthers ... Zit. n. Deutsche National-Litteratur. Bd. 72. S. 373–377)

* S. 184 [= S. 122].
** S. 209, 212 [= S. 137, 138].
*** S. 193 f. [= S. 127].

Nach diesem blutigen Spektakel wird Werther mit Lotten in die Schule des Lebens geschickt. Das verursacht zunächst die »Leiden Werthers des Mannes«:
Lotte erkrankt, ihr Kind stirbt, Werther muß sich in ein Amt fügen und hart arbeiten. Dadurch fühlt sich Lotte vernachlässigt und macht Werther mit einem jungen Gecken eifersüchtig, einem zweiten Werther, mit dem Nicolai auf den Dichter Lenz anspielt. Lotte und Werther scheiden sich von Tisch und Bett, doch Albert versöhnt sie wieder.
Endlich zur Vernunft gebracht, bleiben »die Freuden« nicht aus. Werther und Lotte werden wohlhabend und kaufen ein Bauerngütchen. Da kommt wieder ein Originalgenie und stört die Idylle, indem es eine Phantasielandschaft anlegt und einen Wasserfall über Werthers Felder leitet. Aber Werther braust nicht auf, sondern verkauft dem Kerl sein Land und zieht mit der Erkenntnis fort: »ein Genie ist ein schlechter Nachbar« (Nicolai, a. a. O., S. 384).
»Hm! sagte Hans [sic], hol' mich 'r Henker, 's hätte doch auch so kommen können. [...] Hast traun recht, 'ch schieß mich nicht!«[9] (Nicolai, a. a. O., S. 386)
Nicolai rennt mit seiner Parodie im Grunde eine offene Tür ein, denn gerade der pathologisch zwanghafte Zug in Werthers Charakter, an dem Nicolai vorbeiging, stellt Werther als Vorbild viel gründlicher in Frage, als es das parodistische Gegenbild vermag. Selbst wenn alles Werther-Wesen wirklich bloße Dummheit gewesen wäre, hätten die flüchtigen Vernünfteleien kaum überzeugen können, denn Nicolais Geschichte beweist kaum mehr, als daß man in einem Roman die Bedingungen ändern kann: Albert gibt Lotte her; und die Vernunft, die keineswegs den eigentlichen Konflikt löst, macht reich und froh, wenn Autor Nicolai den Faden spinnt – zwingend folgt das nicht.
Goethe las das dürftige Werkchen, das richtungweisend die Reihe der kritischen Wertheriaden eröffnete. Amüsiert und nur zum eigenen Vergnügen knüpfte er an Nicolais Patentlösung an und schrieb im Februar 1775 einen Prosadialog zwischen Lotte und Werther.[10] Den Inhalt faßte er selbst in »Dichtung und Wahrheit« III, 13 zusammen:

9. Die übermäßig verkürzte Sprache parodiert den Stil des Sturm und Drang.
10. Der Text wurde erst 1862 veröffentlicht.

»Werther beschwert sich bitterlich, daß die Erlösung durch Hühnerblut so schlecht abgelaufen. Er ist zwar am Leben geblieben, hat sich aber die Augen ausgeschossen. Nun ist er in Verzweiflung, ihr [Lottes] Gatte zu sein und sie nicht sehen zu können, da ihm der Anblick ihres Gesamtwesens fast lieber wäre, als die süßen Einzelheiten, deren er sich durchs Gefühl versichern darf. Lotten, wie man sie kennt, ist mit einem blinden Manne auch nicht sonderlich geholfen, und so findet sich Gelegenheit, Nicolais Beginnen höchlich zu schelten, daß er sich ganz unberufen in fremde Angelegenheiten mische.«

Der große Erfolg des »Werther« bei der Jugend beruhte, wie Goethe in »Dichtung und Wahrheit«[11] selbst darlegt, zum Teil auf der eigenartigen Gestimmtheit dieser Leserschaft. Die zeitgenössische Jugend schätzte nicht nur Macphersons »Ossian« und Shakespeares »Hamlet«, der in Wielands Übersetzung von 1766 bekannt wurde, sondern sie erklärte sich vor allem mit der englischen ›graveyard poetry‹ einig, jenen Weltschmerzdichtungen, die in der Nachfolge von Robert Blair und Edward Young entstanden.[12] Aus diesem Geist verfaßten Werther-Schwärmer nun lyrische Klagen am Grab ihres neuen tragischen Vertreters.
Noch im Erscheinungsjahr 1774 dichtete Jakob Michael Reinhold Lenz (1751–92) Lottes Klagen um Werthers Tod. Das bekannteste der zahlreichen Klagelieder wurde Carl Ernst von Reitzensteins Gedicht:

LOTTE BEI WERTHERS GRABE

Ausgelitten hast du – ausgerungen,
Armer Jüngling, deinen Todesstreit;
Abgeblutet die Beleidigungen
Und gebüßt für deine Zärtlichkeit!
O warum – O! daß ich dir gefallen!
Hätte nie mein Auge dich erblickt,

11. Hamburger Ausgabe, Bd. 9. S. 579–583.
12. Blair (1699–1746) hing in dem Gedicht »The Grave« (1743; 800 Blankverse) Gedanken über Tod, schmerzlichen Verlust und Grabeseinsamkeit nach; desgleichen Young (1683–1765) in »The Complaint, or Night Thoughts on Life, Death, and Immortality« (1742–45; 10 000 Blankverse, 1751 von Ebert übersetzt) und Thomas Gray (1716–71) in der »Elegy Written in a Country Church Yard« (1751, von Gotter 1771 übersetzt).

Hätte nimmer von den Mädchen allen
Das verlobte Mädchen dich entzückt!
Jede Freude, meiner Seelen Frieden
Ist dahin, auch ohne Wiederkehr!
Ruh und Glücke sind von mir geschieden,
Und mein Albert liebt mich nun nicht mehr.
Einsam weil' ich auf der Rasenstelle,
Wo uns oft der späte Mond belauscht,
Jammernd irr ich an der Silberquelle,
Die uns lieblich Wonne zugerauscht;
Bis zum Lager, wo ich träum und leide,
Ängsten Schrecken meine Phantasie;
Blutig wandelst du im Sterbekleide
Mit den Waffen, die ich selbst dir lieh.
Dann erwach ich bebend – und ersticke
Noch den Seufzer, der mir schon entrann,
Bis ich weg von Alberts finstern Blicke
Mich zu deinem Grabe stehlen kann.
Heilige, mit frommen kalten Herzen,
Gehn vorüber und – verdammen dich:
Ich allein, ich fühle deine Schmerzen,
Teures Opfer, und beweine dich!
Werde weinen noch am letzten Tage,
Wenn der Richter unsre Tage wiegt,
Und nun offen auf der furchtbarn Wage
Deine Schuld und deine Liebe liegt:
Dann, wo Lotte jenen süßen Trieben
Gern begegnet, die sie hier verwarf,
Vor den Engeln ihren Werther lieben
Und ihr Albert nicht mehr zürnen darf:
Dann, o! dräng ich zu des Thrones Stufen
Mich an meines Alberts Seite zu,
Rufen wird er selbst, versöhnet rufen:
Ich vergeb ihm: O, verschone du!
Und der Richter wird Verschonung winken;
Ruh empfängst du nach der langen Pein,
Und in einer Myrtenlaube trinken
Wir die Seligkeit des Himmels ein.

Dieses Gedicht wurde zu nächtlicher Feierstunde an Jerusalems vermeintlichem Grab in Wetzlar gesungen. Das »Jahrbuch der Sammlung Kippenberg« von 1921 und 1925 enthält 59 deutsche Werther-Gedichte, deren größter Teil sehr ähnliche Töne anschlägt.

Der Dichter L e n z ließ es mit seiner Werther-Auflage nicht bewenden. Er schrieb Anfang 1775 zehn »Briefe über die Moralität der Leiden des jungen Werthers«, in denen er mehr mit dem Herzen als mit dem Verstand Goethes Roman gegen die Angriffe der Kritik und gegen Nicolais Parodie verteidigt. Die Briefe blieben, wohl auf Jacobis Rat hin, unveröffentlicht. Sie gingen verloren und wurden erst 1918 wieder aufgefunden.
Auch Lenzens Prosadichtung »Der Waldbruder, ein Pendant zu Werthers Leiden«, 1776 in Bad Berka unter Verwendung originaler Briefe von Goethe und Lenz entstanden, wurde erst 1797 posthum durch Schiller im dritten Jahrgang der »Horen«[13] veröffentlicht. Unter den Namen Herz, Rothe und Stella verbergen sich Lenz, Goethe und Henriette von Waldner. Das Fragment besteht aus 32 Briefen sieben verschiedener Verfasser und vermittelt folgende Geschichte:

Die häßliche, aber wohlhabende Witwe Hohl betört den empfindsamen Romantiker Herz mit den Briefen einer Gräfin Stella. Die Witwe verheimlicht, daß Gräfin Stella dem ältlichen Oberst Plettenberg verlobt ist. Sie möchte, daß Herz »sich ganz und gar an unsichtbare Vorzüge gewöhnte und wenn er sähe, daß seine Leidenschaft für die Gräfin eine bloße Schimäre sei, *sie* als ihre vertrauteste Freundin an ihre Stelle setzte«.
Herz versucht, Gräfin Stella zu sehen, um ihre Freundschaft zu gewinnen. Er wird von der Gesellschaft verspottet, weil er eine andere für die Gräfin hält, sie verfolgt, dabei seine Geldmittel erschöpft und endlich als Waldbruder in eine Einsiedelei zieht.
Durch Rothe erfährt Gräfin Stella von Herzens Kummer. Sie ist gerührt und verspricht Herz – nur daß er aus dem Wald zurückkomme –, ihn bei der Witwe Hohl zu treffen.
Herz ist selig.
Die Gräfin und Rothe überlegen, wie ihm weiter zu helfen

13. »Horen« X, 1797, 4. Stück, S. 85–102 und 5. Stück, S. 1–30.

sei. Sie unterrichten den Oberst, der in hessischen Diensten noch einmal in Amerika gegen die Kolonisten zu Felde ziehen will, damit er zum General befördert werden und endlich um Stellas Hand anhalten kann. Der Oberst trägt Herz an, er möge ihn als Adjutant begleiten. Herz sagt zu.
Außerdem veranlaßt Rothe die Gräfin, sich malen zu lassen, damit Herz ihr Bild mitnehmen kann. Weil aber der Oberst davon nichts wissen soll, sagt man der Witwe Hohl, bei der das Bild gemalt wird, es sei für Rothes Sammlung bestimmt. Das Bild verschwindet, und Herz, der noch immer nichts von Gräfin Stellas Verlobung weiß, verdächtigt Freund Rothe, das Bild an sich gebracht zu haben.
Beim Oberst klärt sich das Mißverständnis auf. Der Oberst ist so taktvoll, sich nicht als Verlobter der Gräfin zu erkennen zu geben und das Bild von Herz zurückzufordern. Die letzten Sätze in seinem Brief an Rothe deuten sogar an, daß Herzens hochgreifende Hoffnungen möglicherweise doch noch erfüllt werden könnten. Das Alter stimmt den Oberst bedenklich.

Wieder war ein geringerer als Lenz viel erfolgreicher. Der Hainbündler Johann Martin Miller (1750–1814), der sich zunächst mit einem »Beitrag zur Geschichte der Zärtlichkeit« (1776) versucht hatte, brachte im selben Jahr »Siegwart, eine Klostergeschichte« auf den Markt. Dieser Roman, der in der zweiten Auflage von 1777 fast 1000 Seiten erreichte, war so beliebt, daß er bald mit »Werther« in einem Atemzug genannt wurde.

Xaver Siegwart, der jüngste Sohn eines schwäbischen Amtmannes, möchte Mönch werden. Er wird nach Günzburg auf die Schule geschickt und gewinnt dort die Freundschaft des jungen von Kronhelm. Kronhelm verliebt sich in Siegwarts Schwester Therese, aber eine neidische Schwägerin verrät die Liebe zwischen Kronhelm und der bürgerlichen Therese an Kronhelms Vater, Junker Veit. Dieser verbietet unter fürchterlichen Flüchen und Todesdrohungen den Briefwechsel zwischen den Liebenden.
Kronhelm geht zur Universität in Ingolstadt; ein Jahr darauf folgt ihm Siegwart, der sich dort in Marianne, die Tochter des stolzen Hofrats Fischer, verliebt. Er nähert sich ihr in Hauskonzerten, Bällen und Gartenstündchen und ist be-

reit, um ihretwillen vom zölibatären Theologiestudium zum Jurastudium zu wechseln.
Plötzlich ruft Junker Veit seinen Sohn zu sich, um ihn mit List und Gewalt dem adligen Fräulein Regine Stellmann zu verheiraten. Kronhelm entspringt durch die Hintertür, als der Pfarrer erscheint, und Veit, der hinter seinem Sohn dreinschießt, stürzt bei der Verfolgung tödlich vom Pferd. Kronhelm heiratet Therese.
Nun will Hofrat Fischer seine Tochter in die Ehe mit Hofrat Schrager prügeln, so daß der bedrängten Marianne nur der Ausweg ins Kloster bleibt. In Abwesenheit Siegwarts verschwindet sie hinter Klostermauern. Siegwart sucht sie und erfährt im Augenblick, da er sie entführen will, daß sie in den letzten Zügen liege. Er glaubt sie tot und wird nun doch Kapuzinermönch. Als er vier Jahre später ans Sterbebett einer Nonne gerufen wird, erkennt er in der Sterbenden Marianne. Siegwart stirbt selbst an gebrochenem Herzen im Mondschein auf ihrem Grab.

Miller hat in seiner rührseligen und tränenreichen Klostergeschichte die beliebtesten Werther-Motive vielfach wiederholt und abgewandelt. Siegwart ist im gesteigerten Maße mit Werther-Zügen ausgestattet: passiv, gefühlvoll, zu vorbehaltloser Seelenoffenbarung bereit, von unorthodoxer Religiosität, gesellschaftskritisch und kulturpessimistisch. Er hat eine entschiedene Vorliebe für Kinder, einfache Leute und die Natur und einen Hang zur Einsiedelei, denn er ist fast ausschließlicher noch als Werther der unglücklich Liebende.
Die Todessehnsucht und die katholisierende Neigung des Helden, die größere mediale Bedeutung der Musik sowie die lockere Form des Romans mit häufigem Wechsel zwischen epischer und lyrischer Prosa, Briefen, Dialogen und eingestreuten Gedichten weisen bereits auf die Romantik voraus.

August Cornelius Stockmann, Professor der Rechte in Leipzig, versuchte unter dem Titel »Die Leiden der jungen Wertherinn« (1775) Goethes Roman aus dem Blickwinkel Lottes nachzubilden. Wie Nicolai hielt er sich eng an Goethes Text. Die Figuren sprechen oft in Originalzitaten, so daß es, ganz von der einfältigen Behandlung abgesehen, nicht einmal zu einem wirklichen Wechsel der Perspektive kommt.

Elf Jahre später verfolgte der Engländer William James den gleichen Ansatz mit größerem Geschick in »The Letters of Charlotte During her Connexion with Werter«. An seinen Londoner Verleger Cadell schrieb James:

»›The Sorrows of Werter‹ has gone thro' several editions, and is universally read: the public are perpetually reminded of it by the print shops; and by enquiries at public libraries, I find it is read just as much as ever. [...] ›The Letters of Charlotte‹ shall form two vols. of exactly the same size as ›The Sorrows of Werter‹ [...] I am confident that a collection of nonsense, under the same title would at least sell an edition. [...] I trust, the Letters will operate as an antidote to the principles of Werter, which have certainly done much mischief. – You will see I have dedicated them, I think with some propriety, to the Queen; [...] it will contribute very much to the sale.«

(Atkins, S. 39)

Was James über die Verbreitung des »Werther« in England schreibt, ist nicht erfunden. Es gibt mehr englische als deutsche Werther-Gedichte. Ihr größter Teil stammt aus den achtziger Jahren von heute meist unbekannten Dichtern. Die nichtlesende englische Öffentlichkeit konnte »the much-admired Group of The Death of Werter, attended by Charlotte und her Family« im königlichen historischen Wachsfigurenkabinett betrachten oder in den Vauxhall Gardens die Altistin Mrs. Kennedy »The Sorrows of Werter« singen hören (Atkins, S. 21/22).

Doch obgleich die englische Literatur mit »Hamlet«, »Graveyard poetry« und »Ossian« viel zur Werther-Stimmung beigetragen hatte, zogen vorherrschend konservative Moralanschauung und ausgeprägte Neigung zur Nüchternheit der Werther-Wirkung in England engere Grenzen als etwa in Frankreich. Der amerikanische Dichter Henry Wadsworth Longfellow (1807–82) schrieb 1835: »In England and America the book is sneered at. I think it is not understood« (Atkins, S. 57).

Bald war Goethes Roman weniger bekannt als William Makepeace Thackerays (1811–63) komische Ballade (1853) darüber:

»Werther had a love for Charlotte,
Such as words could never utter,
Would you know how first he met her?
She was cutting bread and butter.

Charlotte was a married lady,
And a moral man was Werther,
And for all the wealth of Indies
Would do nothing that might hurt her.

So he sighed and pined and ogled,
And his passion boiled and bubbled;
Till he blew his silly brains out,
And no more was by them troubled.

Charlotte, having seen his body
Borne before her on a shutter,
Like a well conducted person
Went on cutting bread and butter.«

(Zit. n. Atkins, S. 58)

In Deutschland unternahm August Friedrich von Goué (1743–89), der den Wetzlarer Kreis aus eigener Erfahrung kannte (s. Kap. III), den ersten Versuch, Jerusalems Schicksal dramatisch zu gestalten. Sein Stück: »Masuren oder der junge Werther. Ein Trauerspiel aus dem Illyrischen«, Frankfurth und Leipzig 1775, bekam eine schlechte Kritik. Von dem halben Dutzend nachfolgender deutscher Werther-Dramen ist keines nennenswert. Das erfolgreichste, oft übersetzte und nachgeahmte Drama war »Les Malheurs de l'Amour Drame«, Berne 1775, von dem Schweizer Johann Rudolf Sinner (1730–87).[14]

In dieser Prosatragödie besucht Manstein, so heißt die Werther-Figur, auf der Reise nach Italien einen befreundeten Geistlichen. Dieser möchte Manstein mit Baron Waldeck, dessen Tochter Charlotte und deren Gatten Melling bekannt machen. Manstein möchte die Begegnung vermeiden, da er

14. Das anonym veröffentlichte Schauspiel wird auch Vinzenz Bernhard Tscharner (1728–78) zugeschrieben. Die deutsche Übersetzung »Werther oder die unglückliche Liebe. Ein Schauspiel in drei Aufzügen« (1776) ist von Christian August Bertram.

Charlotte bereits von einem Ball her kennt, wo er sich in sie verliebt und, wie er meint, die Eifersucht ihres Gatten bemerkt hat.
Baron Waldeck und Charlotte schneien herein und überreden Manstein, mit aufs Schloß zu kommen und an einer Jagd teilzunehmen.
Auf der Jagd verirrt sich Manstein und kehrt dadurch früher als die übrige Gesellschaft zum Schloß zurück. Er findet Charlotte nachdenklich am Klavier: Ihr hat vom Zorn ihres Gatten und Mansteins Tod geträumt.
Manstein und Charlotte vertreiben sich die Zeit, indem sie »Le Comte de Comminges«[15], eine rührende Klostergeschichte, lesen. Die Lektüre endet damit, daß Charlotte sich in Tränen auflöst und Manstein ihr zu Füßen sinkt. – In diesem Augenblick tritt Melling, der Gatte, herein, mit kaltem Gruß und befremdender Zurückhaltung.
Des Nachts lassen böse Ahnungen Charlotte nicht schlafen. Plötzlich bringt der Geistliche die Nachricht von Mansteins Selbstmord. Mansteins Abschiedsbrief versichert den bestürzten Melling der Tugend seiner Gattin. In einem zweiten Brief bittet Manstein den Geistlichen, ihn unter seinen Lieblingslinden zu bestatten.

Als »Werther« in Frankreich unter dem Ancien Régime, drei Jahre vor Voltaires und Rousseaus Tod (1778), erschien, das heißt zu einer Zeit mit noch herrschenden klassizistischen Formidealen und erst jüngst angefochtener Aufklärungsphilosophie, da sah man in Goethes Roman nur eine belanglose deutsche Kleinstadtaffäre. Mit der großen Revolution von 1789 änderte sich diese Meinung. Die anschließende Schreckensherrschaft der Guillotine, die französische Dichter wie Madame de Staël (1766–1817), Benjamin Constant (1767–1830), Charles Nodier (1780–1844) und René de Chateaubriand (1768–1848) in die Emigration trieb, ließ die Menschen den mal de siècle plötzlich so tief empfinden, daß die Begegnung mit dem »Werther« nun manchem zu einem nachhaltigen Erlebnis wurde.

15. »Les Mémoires du comte de Comminges« (1735) von Claudine Alexandrine Guérin, marquise de Tencin. Goethe und seine Freunde kannten das Buch, das Millers »Siegwart« beeinflußte.

Madame de Staël schrieb an Goethe: »la lecture de werther a fait époque dans ma vie comme un événement personnel« (28. 4. 1800). In ihrer Schrift »De la littérature considérée dans ses rapports avec les institutions sociales« (1800) preist sie den »Werther« als »das Buch par excellence, das die Deutschen besitzen und den Meisterwerken der anderen Sprachen entgegenstellen können«. Die Heldin ihres eigenen Briefromans »Delphine« (1802) ist in ihrer Leidensfähigkeit ein weiblicher Werther. Charles Nodier verfaßte gleich zwei Werther-Romane: »Stella, ou les proscrits« (1802) und, bekannter, »Le peintre de Salzbourg« (1803). Chauteaubriand wurde durch seinen kurzen autobiographischen Roman »René« (1802) berühmt. Der Inhalt dieses bleibenden Zeugnisses ist der:

René, früh verwaist, wächst mit seiner Schwester Amelia ohne elterliche Liebe bei Verwandten auf. Er reist nach Italien und Griechenland, meditiert dort auf Gräbern und Ruinen und findet nach seiner Rückkehr die Heimat verändert.

Amelia, die mit ihm die schwermütigen Empfindungen und die Neigung zum Klosterleben geteilt hatte, geht ihm aus dem Weg und will ihn nicht sehen.

René versucht vergeblich mit der gottlosen, verdorbenen Gesellschaft auszukommen und zieht sich bald aus Paris zurück. – In der Einsamkeit reift in ihm der Entschluß zum Freitod. Er ordnet seine Geschäfte, da kommt Amelia, die Verdacht von seinem Vorhaben geschöpft hat, und nimmt ihm den Eid ab, sich nicht zu töten.

Überraschend wie sie kam, reist Amelia wieder ab. Sie hinterläßt einen Brief, in dem sie René mitteilt, daß sie ins Kloster gehe.

René reist ihr nach und erfährt bei der Ordinationszeremonie, daß es ihre Liebe zu ihm ist, die Amelia ins Kloster treibt. In leidenschaftlicher Aufwallung des Gefühls bekennt er, Amelia nicht weniger heiß zu lieben. Während er in Ohnmacht sinkt, wird die Zeremonie vollendet. René sucht danach die Einsamkeit der Wälder Louisianas.

René erzählt diese Geschichte dem Missionar Pater Souël und dem Natchez-Indianer Chactas anläßlich der Nachricht von Amelias Tod.

Wie in Deutschland wehrte sich zunächst auch in Italien der Klerus gegen die Verbreitung des »Werther«:

»›Von meinem ‚Werther‘‹ sagte Goethe, ›erschien sehr bald eine italienische Uebersetzung in Mailand. Aber von der ganzen Auflage war in kurzem auch nicht ein einziges Exemplar mehr zu sehen. Der Bischof war dahintergekommen und hatte die ganze Edition von den Geistlichen in den Gemeinden aufkaufen lassen. Es verdross mich nicht, ich freute mich vielmehr über den klugen Herrn, der sogleich einsah, dass der ‚Werther‘ für die Katholiken ein schlechtes Buch sei, und ich musste ihn loben, dass er auf der Stelle die wirksamsten Mittel ergriffen, es ganz im Stillen wieder aus der Welt zu schaffen.‹«

(Eckermann: Gespräche mit Goethe. Zit. n. Gräf, S. 686 f.)

Das »schlechte Buch« wurde aber dem klugen Bischof zum Trotz bekannt und berühmt. Nach seiner ersten Italienreise (1786–88) klagte Goethe, allerorts als Dichter des »Werther« erkannt und ausgefragt worden zu sein. In den »Römischen Elegien« (1788/89) findet sich folgende Anspielung darauf:

»Fraget nun wen ihr auch wollt! mich werdet ihr nimmer erreichen,
Schöne Damen und ihr, Herren der feineren Welt!
Ob denn auch Werther gelebt? ob denn auch alles fein wahr sei?
Welche Stadt sich mit Recht Lottens, der Einzigen, rühmt?
Ach wie hab' ich so oft die thörichten Blätter verwünschet,
Die mein jugendlich Leid unter die Menschen gebracht.
Wäre Werther mein Bruder gewesen, ich hätt' ihn erschlagen,
Kaum verfolgte mich so rächend sein trauriger Geist.
So verfolgte das Liedchen Malbrough den reisenden Briten
Erst von Paris nach Livorn, dann von Livorno nach Rom,
Weiter nach Napel hinunter; und wär' er nach Smyrna gesegelt,
Malbrough! empfing ihn auch dort, Malbrough! im Hafen das Lied[16].

16. Caron de Beaumarchais (1732–99) hatte in seinem Lustspiel »La folle journée ou le mariage de Figaro« (1784) für die Romanze des

Glücklich bin ich entflohn! sie kennet Werthern und Lotten,
Kennet den Namen des Manns, der sie sich eignete, kaum.
Sie erkennet in ihm den freien rüstigen Fremden,
Der in Bergen und Schnee hölzerne Häuser bewohnt.«[17]

Wie Johann Ludwig Tieck (1773–1853) in seinem Gedicht »Kleines Theater in der Arena«[18] schildert, hat Werther auch in Italien den Weg bis ins Volkstheater gefunden. Von den italienischen Nachdichtungen seien hier nur die seinerzeit beliebte Intrigenkomödie »Verter« (1794) von Antonio Simone Sografi (1759–1818) erwähnt und der wesentlich anspruchsvollere Roman »Ultime Lettere di Jacopo Ortis« (1799) von Ugo Foscolo (1778–1827). Foscolo erwies Goethe seine Reverenz, indem er ihm 1802 ein Exemplar seines »Jacopo Ortis« sandte, und Goethe, dem das Buch gefiel, übersetzte einige Briefe daraus ins Deutsche. Der Roman wurde später in der Übertragung von Heinrich Luden als »Die letzten Briefe des Jacopo Ortis« (1807) in Deutschland bekannt.

Der Geist des »Werther« wirkte breiter auf die Dichtungen der Folgezeit, als es die hier aufgeführten Titel zeigen können. Thomas Manns Roman »Lotte in Weimar« (1939) verrät allerdings jene Haltung betrachtender Nachlese des Gebildeten, die fast ausschließlich auf das Historische zielt, so daß man meinen konnte, die Wertherwirkung habe sich im zwanzigsten Jahrhundert endlich erschöpft. Auch der unbefangenere Zeitgenosse, der »Werther« vielleicht zuerst in der Vertonung von Jules Massenet (1842–1912)[19] oder in der Verfilmung durch Karl Heinz Stroux (geb. 25. Februar 1908) begegnete, mochte zunächst finden, daß Werther keinen Ty-

Cherubin (II, 4) die Melodie des alten Liedes »La Mort de Malbrouck« verwandt. Die Melodie war Mitte der achtziger Jahre in Italien ein beliebter Schlager. Vgl. Goethe: Italienische Reise. Verona, den 17. September 1786.

17. Ursprüngliche Fassung; zit. n. Gräf, S. 562 ff.

18. Über eine leicht verregnete Freilichtaufführung 1805? in Verona. In: L. T.: Reisegedichte – Verse aus Italien. Hrsg. von Georg Witkowski. Berlin 1925.

19. »Werther«, drame lyrique en quatre actes et cinq tableaux (d'après Goethe). Poème, par Éd[ouard] Blau, Paul Milliet et Georges Hartmann. Musique de J. Massenet. Paris 1893.

pus unserer Zeit verkörpere. Bei genauerer Betrachtung jedoch wird deutlich, daß der komplexe Kern des Romans die zeitlose Konfliktsituation des heranwachsenden Individuums in der Gesellschaft ist. Die Leiden Werthers entzünden sich an der vom Standpunkt einer idealischen Weltanschauung aus geführten Auseinandersetzung des jungen Menschen zwischen seinem als natürlich empfundenen Anspruch auf Glück und den realen gesellschaftlichen und beruflichen Gegebenheiten. In diesem Sinne konnte der Roman durch Ulrich Plenzdorf 1972 erneut aktualisiert werden.

»Die neuen Leiden des jungen W.« schildern in der Form einer Filmerzählung, später als Roman, ein zeitgenössisches Wertherschicksal in der DDR: Edgar Wibeau, Sohn der Werksleiterin und bester Lehrling des VEB Hydraulik Mittenberg, hat eine Auseinandersetzung mit seinem Ausbilder. Um den erzieherischen Zwängen im Betrieb und zu Hause aus dem Weg zu gehen, taucht er in Ost-Berlin unter. Er haust in einer Wohnlaube im Sanierungsgebiet, tanzt und singt für sich allein, malt abstrakte Bilder und liest in einem gefundenen Reclamheft ohne Titelblatt »Werthers Leiden«. Eines Tages lernt er eine Kindergärtnerin kennen, die er Charlie nennt. Er verliebt sich in sie und berichtet davon seinem Freund Willi, indem er entsprechende Passagen aus dem »Werther« auf Tonband spricht:
»kurz und gut / wilhelm / ich habe eine bekanntschaft gemacht / die mein herz näher angeht – einen engel – und doch bin ich nicht imstande / dir zu sagen / wie sie vollkommen ist / warum sie vollkommen ist / genug / sie hat allen meinen sinn gefangengenommen – ende«
Die Goethetexte (vgl. den Brief vom 16. Juni 1771, S. 19 f.) stehen im Gegensatz zu dem Teenager-Jargon des Icherzählers nach dem Vorbild von Jerome D. Salingers »The Catcher in the Rye« (1951). – Als Charlies Verlobter vom Wehrdienst zurückkommt und die beiden heiraten, weicht Edgar den neuen Spannungen aus, indem er am Bau arbeitet. Es fällt ihm schwer, sich in die Malerbrigade einzuordnen. Von individualistischem Ehrgeiz getrieben, versucht er im Alleingang ein Spezialwerkzeug zu basteln; dabei kommt er durch einen Stromschlag um. Das heißt, der junge, begabte Außenseiter, der zunächst heftige Kritik an verfestigten gesellschaftlichen

Normen übte, stand endlich in einem Anpassungsprozeß, der nur durch den Unfalltod abgebrochen wird. Doch obgleich dieser im eigensinnigen Individualismus tragisch begründete Tod bereits den Keim zum sozialistischen Helden der Arbeit enthält, warnten Erich Honecker und Literaturkritiker der DDR vor dem Einbruch der neuen Subjektivität und der Sympathie mit dem Tode.[20] Wie beim Erscheinen des »Werther« vor zweihundert Jahren empfinden wiederum die Träger der gesellschaftlichen Ordnung als störend, was die junge Generation als ihr treffendes Abbild anerkennt und begrüßt.[21]

20. Vgl. Marlies Menge: »Der Tod des Sozialisten. Schwierigkeiten mit dem Sterben in der DDR-Literatur«. In: Die Zeit, Nr. 27 (29. Juni 1973) S. 20.

21. Vgl. die »Diskussion um Plenzdorf«. In: Sinn und Form. Beiträge zur Literatur 25 (1973) H. 1, S. 219 ff.; ebd. H. 4 und 6. – Joachim Nawrocki: »Kommt doch nicht mit Politik! Ausgeflippte gibt es nicht nur bei uns – Diskussion über ein Theaterstück in Halle: ›Die Leiden des jungen W.‹« [sic.] In: Die Zeit, Nr. 33 (18. August 1972) S. 38. – Marcel Reich-Ranicki: »Der Fänger im DDR-Roggen. Ulrich Plenzdorfs jedenfalls wichtiger Werther-Roman«. In: Die Zeit, Nr. 19 (4. Mai 1973) S. 27 f. – »Kuß von Charlie«. In: Der Spiegel, Nr. 13 (1973) S. 166 ff. – Aleksandar Flaker: Modelle der Jeans Prosa. Zur literarischen Opposition bei Plenzdorf im osteuropäischen Romantext. Kronberg (Ts.) 1975.

VI. Texte zur Diskussion

Da es heute vielfach schwerfällt, sich immer und ganz mit einer Gestalt wie Werther zu identifizieren, scheint es angemessen, zuerst einmal Einzelzüge seines genialischen Wesens und Teilaspekte seiner Tragik zu diskutieren; etwa Werthers Verhältnis zur Natur, Werthers schöpferische Begabung, seine Einstellung zu Beruf, Gesellschaft, Religion usw. Die nachfolgenden Texte sind dabei nur als jeweils möglicher Ausgangspunkt der Diskussion gedacht.

Der Aufsatz »Die Natur« von Georg Christoph Tobler erschien 1782 auf 83 im 32. Stück des handschriftlichen »Tiefurter Journals«. Später kam die Frage auf, ob das Manuskript in der Handschrift von Goethes Schreiber Philipp Seidel nicht von Goethe verfaßt worden sei. Goethe erklärte 1828: »Daß ich diese Betrachtungen verfaßt, kann ich mich faktisch zwar nicht erinnern, allein sie stimmen mit den Vorstellungen wohl überein, zu denen sich mein Geist damals ausgebildet hatte« (Hamburger Ausgabe, Bd. 13. S. 48). – Man darf demnach den Text zu Werthers Naturanschauung in Beziehung setzen.

DIE NATUR

Fragment

Natur! Wir sind von ihr umgeben und umschlungen – unvermögend aus ihr herauszutreten, und unvermögend tiefer in sie hineinzukommen. Ungebeten und ungewarnt nimmt sie uns in den Kreislauf ihres Tanzes auf und treibt sich mit uns fort, bis wir ermüdet sind und ihrem Arme entfallen.

Sie schafft ewig neue Gestalten; was da ist war noch nie, was war kommt nicht wieder – Alles ist neu und doch immer das Alte.

Wir leben mitten in ihr und sind ihr fremde. Sie spricht unaufhörlich mit uns und verrät uns ihr Geheimnis nicht. Wir wirken beständig auf sie und haben doch keine Gewalt über sie.

Sie scheint alles auf Individualität angelegt zu haben und macht sich nichts aus den Individuen. Sie baut immer und zerstört immer und ihre Werkstätte ist unzugänglich.

Sie lebt in lauter Kindern, und die Mutter, wo ist sie? – Sie ist die einzige Künstlerin: aus dem simpelsten Stoffe zu den größten Kontrasten: ohne Schein der Anstrengung zu der größten Vollendung – zur genausten Bestimmtheit immer mit etwas Weichem überzogen. Jedes ihrer Werke hat ein eigenes Wesen, jede ihrer Erscheinungen den isoliertesten Begriff und doch macht alles eins aus.
Sie spielt ein Schauspiel: ob sie es selbst sieht, wissen wir nicht, und doch spielt sies für uns, die wir in der Ecke stehen.
Es ist ein ewiges Leben, Werden und Bewegen in ihr und doch rückt sie nicht weiter. Sie verwandelt sich ewig und ist kein Moment Stillestehen in ihr. Fürs Bleiben hat sie keinen Begriff und ihren Fluch hat sie ans Stillestehen gehängt. Sie ist fest. Ihr Tritt ist gemessen, ihre Ausnahmen selten, ihre Gesetze unwandelbar.
Gedacht hat sie und sinnt beständig; aber nicht als ein Mensch, sondern als Natur. Sie hat sich einen eigenen allumfassenden Sinn vorbehalten, den ihr niemand abmerken kann.
Die Menschen sind all in ihr und sie in allen. Mit allen treibt sie ein freundliches Spiel, und freut sich, je mehr man ihr abgewinnt. Sie treibts mit vielen so im verborgenen, daß sies zu Ende spielt, ehe sies merken.
Auch das Unnatürlichste ist Natur. Wer sie nicht allenthalben sieht, sieht sie nirgendwo recht.
Sie liebet sich selber und haftet ewig mit Augen und Herzen ohne Zahl an sich selbst. Sie hat sich auseinander gesetzt um sich selbst zu genießen. Immer läßt sie neue Genießer erwachsen, unersättlich sich mitzuteilen.
Sie freut sich an der Illusion. Wer diese in sich und andern zerstört, den straft sie als der strengste Tyrann. Wer ihr zutraulich folgt, den drückt sie wie ein Kind an ihr Herz.
Ihre Kinder sind ohne Zahl. Keinem ist sie überall karg, aber sie hat Lieblinge, an die sie viel verschwendet und denen sie viel aufopfert. Ans Große hat sie ihren Schutz geknüpft.
Sie spritzt ihre Geschöpfe aus dem Nichts hervor, und sagt ihnen nicht, woher sie kommen und wohin sie gehen, Sie sollen nur laufen; die Bahn kennt sie.

Sie hat wenige Triebfedern, aber nie abgenutzte, immer wirksam, immer mannigfaltig.
Ihr Schauspiel ist immer neu, weil sie immer neue Zuschauer schafft. Leben ist ihre schönste Erfindung, und der Tod ist ihr Kunstgriff viel Leben zu haben.
Sie hüllt den Menschen in Dumpfheit ein und spornt ihn ewig zum Lichte. Sie macht ihn abhängig zur Erde, träg und schwer und schüttelt ihn immer wieder auf.
Sie gibt Bedürfnisse, weil sie Bewegung liebt. Wunder, daß sie alle diese Bewegung mit so wenigem erreichte. Jedes Bedürfnis ist Wohltat. Schnell befriedigt, schnell wieder erwachsend. Gibt sie eins mehr, so ist's ein neuer Quell der Lust. Aber sie kommt bald ins Gleichgewicht.
Sie setzt alle Augenblicke zum längsten Lauf an und ist alle Augenblicke am Ziel.
Sie ist die Eitelkeit selbst; aber nicht für uns, denen sie sich zur größten Wichtigkeit gemacht hat.
Sie läßt jedes Kind an sich künsteln, jeden Toren über sich richten, tausend stumpf über sich hingehen und nichts sehen, und hat an allen ihre Freude und findet bei allen ihre Rechnung.
Man gehorcht ihren Gesetzen, auch wenn man ihnen widerstrebt, man wirkt mit ihr, auch wenn man gegen sie wirken will.
Sie macht alles, was sie gibt, zur Wohltat, denn sie macht es erst unentbehrlich. Sie säumet, daß man sie verlange, sie eilet, daß man sie nicht satt werde.
Sie hat keine Sprache noch Rede, aber sie schafft Zungen und Herzen durch die sie fühlt und spricht.
Ihre Krone ist die Liebe. Nur durch sie kommt man ihr nahe. Sie macht Klüfte zwischen allen Wesen und alles will sich verschlingen. Sie hat alles isolieret um alles zusammenzuziehen. Durch ein paar Züge aus dem Becher der Liebe hält sie für ein Leben voll Mühe schadlos.
Sie ist alles. Sie belohnt sich selbst und bestraft sich selbst, erfreut und quält sich selbst. Sie ist rauh und gelinde, lieblich und schröklich, kraftlos und allgewaltig. Alles ist immer da in ihr. Vergangenheit und Zukunft kennt sie nicht. Gegenwart ist ihr Ewigkeit. Sie ist gütig. Ich preise sie mit allen ihren Werken. Sie ist weise und still. Man reißt ihr keine Erklärung vom Leibe, trutzt ihr kein Geschenk ab, das sie

nicht freiwillig gibt. Sie ist listig, aber zu gutem Ziele, und am besten ists, ihre List nicht zu merken.
Sie ist ganz und doch immer unvollendet. So wie sies treibt, kann sies immer treiben.
Jedem erscheint sie in einer eigenen Gestalt. Sie verbirgt sich in tausend Namen und Termen und ist immer dieselbe.
Sie hat mich hereingestellt, sie wird mich auch herausführen. Ich vertraue mich ihr. Sie mag mit mir schalten. Sie wird ihr Werk nicht hassen. Ich sprach nicht von ihr. Nein, was wahr ist und was falsch ist, alles hat sie gesprochen. Alles ist ihre Schuld, alles ist ihr Verdienst.

(Zit. n. Hamburger Ausgabe, Bd. 13. S. 45–47)

Für Gerhard Storz nähert sich Werther durch sein schöpferisches Vorstellungsvermögen dem Archetyp des Dichtermagiers:

»Was Werther darstellt, ist also die tragische Krisis des autonomen, bindungslosen, prometheischen Menschen, genauer gesagt der Einbildungskraft, die sich isoliert und sich absolut setzt. Werther ist der Dichter ohne Werk, der Dichter, der sein Leben zur Dichtung macht und also Sein und Bild verwechselt. Der Dichter ist ein Schöpfer – nur im Gleichnis, nur in der beherzigten Analogie zum *creator mundi e nihilo.* Wenn er aus diesem Gleichnis tritt, wird er entweder sein Leben zerstören oder sein Dichten nähert sich dann dem Tun des Magiers, der Schein für Sein ausgibt. Im Werther wird ebenso die Doppelsinnigkeit des Phänomens Dichtung sichtbar wie die geheime Gefahr, in welcher der zum Dichtertum Berufene schwebt. So geht der Roman nicht nur dem Tasso voran, sondern er bildet in wesentlichen Zügen den Faust vor. Die tragische Dialektik der Leidenschaft kehrt, geklärt, konturiert, weiter ausgreifend, im Eduard der Wahlverwandtschaften wieder. Endlich scheint der Grundzug von Werthers Wesen und Geschick, ins Weibliche abgewandelt, in der Figur der Aurelie im Wilhelm Meister zu begegnen. An solcher Wanderung und Verwandlung wird deutlich, daß der Gestalt Werthers die Geltung eines Symbols oder eines Archetypus zukommt.«

(Gerhard Storz: Goethe-Vigilien oder Versuche in der Kunst, Dichtung zu verstehen. Stuttgart: Klett 1953. S. 40 f.)

Die Meinung, daß völlige Bindungslosigkeit dem Dichter weniger nütze als ihn gefährde, hat unter den Dichtern selbst Tradition. Martin Walser schreibt darüber aus heutiger Sicht:

»[...] die sozusagen garantierte individuelle Sphäre, das Angebot sozusagen schrankenloser Selbstverwirklichung, der Wegweiser nach Innen, die öffentlich favorisierte Selbstherrlichkeit, der schick zeitgenössisch frisierte Künstlerquatsch, das Talmi von der schöpferischen Begabung, die vollkommen und in jedem Sinn lächerliche Einteilung zwischen produktiven und reproduktiven Schreibern, eben der ganze immer noch angebotene Kunst- und Kulturzauber: geschieht das alles im Interesse des Schriftstellers? des Intellektuellen überhaupt? also auch des Regisseurs, des Kritikers, des Literaturwissenschaftlers, des Schauspielers, des Dirigenten, des Bühnenbildners? Für die Erfolgreichen scheint es nichts Schöneres zu geben. Die Erfolgreichen plazieren von Mal zu Mal ihr Ausdrucksdenkmal auf dem Markt, arbeiten an sich, sind selbst ihre einzige und höchste Sache, sind dem geringsten Zwang zur Entfremdung unterworfen, kennen keine weitere Verpflichtung als die sich selbst gegenüber.
Johannes R. Becher (in *Das poetische Prinzip*): ›Gottfried Keller hat einmal an den Oberamtsrichter Storm geschrieben, bei Paul Heyse räche es sich, daß er seit dreißig Jahren kein Amt und keine andere profane Lebensweise genossen habe; diese Existenz sei schon Tieck und Gutzkow nicht gut bekommen. Daß Keller hiermit das Richtige traf, zeigt ein Brief, den Heyse, ohne von Kellers Bemerkungen zu wissen, an Storm schrieb: „Was gäb ich drum liebster Storm, wenn ich Oberamtsrichter in Husum wäre! Wie oft habe ich meinen in der Freiheit verwilderten Nerven ein solches gelindes Gängelband gewünscht ... Ich Amtloser habe nie einen Feiertag gekannt!"‹ [...]
Vor allem kann man jetzt fragen, ob es wirklich im Interesse des sogenannten freien Schriftstellers ist, wenn er die von der Gesellschaft angebotene und honorierte narzißtische Existenz praktiziert. Er praktiziert eine untergehende Lebensweise. Und er ist im darwinschen Sinne monströs.«

(Über die Neueste Stimmung im Westen. In: Kursbuch 20, 1970. Hrsg. von Hans Magnus Enzensberger. Frankfurt a. M.: Suhrkamp 1970. S. 40)

Georg Lukács sieht allerdings in Werther keinen bindungslosen, nach innen gerichteten Dichtertyp, sondern einen für die volkstümlich-humanistische Revolte engagierten Menschen. Lukács schreibt:

»Freilich ist der junge Goethe kein Revolutionär, auch nicht im Sinne des jungen Schiller. Aber in einem breiten und tiefen historischen Sinne, im Sinne der innigen Verknüpftheit mit den Grundproblemen der bürgerlichen Revolution bedeuten die Werke des jungen Goethe einen revolutionären Gipfelpunkt der europäischen Aufklärungsbewegung, der ideologischen Vorbereitung der Großen Französischen Revolution.
Im Mittelpunkt des ›Werther‹ steht das große Problem des bürgerlich-revolutionären Humanismus, das Problem der freien und allseitigen Entfaltung der menschlichen Persönlichkeit. [...]
Dieselben Gesetze, Institutionen usw., die der Persönlichkeitsentfaltung im engen Klassensinne der Bourgeoisie dienen, die die Freiheit des *laisser faire* hervorbringen, sind gleichzeitig unbarmherzige Würger der sich wirklich entfaltenden Persönlichkeit. Die kapitalistische Arbeitsteilung, auf deren Grundlage erst jene Entwicklung der Produktivkräfte vor sich gehen kann, die die materielle Basis der entfalteten Persönlichkeit bilden, unterwirft sich zugleich den Menschen, zerstückelt seine Persönlichkeit zu einem leblosen Spezialistentum usw. Es ist klar, daß dem jungen Goethe die ökonomische Einsicht in diese Zusammenhänge fehlen mußte. Um so höher muß seine dichterische Genialität eingeschätzt werden, mit der er an menschlichen Schicksalen die wirkliche Dialektik dieser Entwicklung darstellen konnte. [...]
Der ganze ›Werther‹ ist ein glühendes Bekenntnis zu jenem neuen Menschen, der im Laufe der Vorbereitung der bürgerlichen Revolution entsteht, zu jener Menschwerdung, zu jener Erweckung der allseitigen Tätigkeit des Menschen, die die Entwicklung der bürgerlichen Gesellschaft hervorbringt – und zugleich tragisch zum Untergang verurteilt. Die Gestaltung dieses neuen Menschen geschieht also in ununterbrochener dramatischer Konstrastierung zur ständischen Gesellschaft und zum Spießbürgertum. Immer wieder wird diese neu entstehende menschliche Kultur der Verbildung,

der Unfruchtbarkeit, der Unkultiviertheit der ›höheren Stände‹ und dem toten, erstarrten, kleinlich egoistischen Leben der Spießbürger gegenübergestellt. Und jede dieser Gegenüberstellungen ist ein flammender Hinweis darauf, daß wirkliches, lebendiges Erfassen des Lebens, lebendiges Verarbeiten seiner Probleme ausschließlich beim Volke selbst zu finden sind. Nicht nur Werther steht als lebendiger Mensch, als Repräsentant des Neuen der toten Erstarrung der Aristokratie und des Philistertums gegenüber, sondern auch immer wieder Figuren aus dem Volke. Werther ist immer Repräsentant des volkstümlichen Lebendigen dieser Erstarrung gegenüber. Und die sehr reichlich eingearbeiteten Bildungselemente (Hinweise auf die Malerei, auf Homer, Ossian, Goldsmith usw.) bewegen sich immer in dieser Richtung: Homer und Ossian sind für Werther und für den jungen Goethe große volkstümliche Dichter, dichterische Widerspiegelungen und Ausdrücke des produktiven Lebens, das einzig und allein im arbeitenden Volke vorhanden ist.
[...] Die volkstümlich-humanistische Revolte im ›Werther‹ ist eine der wichtigsten revolutionären Äußerungen der bürgerlichen Ideologie in der Vorbereitungszeit der Französischen Revolution. Sein Welterfolg ist der eines revolutionären Werkes. Im ›Werther‹ kulminierten die Kämpfe des jungen Goethe um den freien und allseitig entwickelten Menschen, jene Tendenzen, die er im ›Götz‹, im ›Prometheus‹-Fragment, in den ersten Entwürfen zum ›Faust‹ usw. ebenfalls ausgedrückt hat. [...]
Lotte ist eine bürgerliche Frau, die an ihrer Ehe mit dem tüchtigen und geachteten Mann instinktiv festhält und vor der eigenen Leidenschaft erschreckt zurücktaumelt. Die Werthertragödie ist also nicht nur die Tragödie der unglücklichen Liebesleidenschaft, sondern die vollendete Gestaltung des inneren Widerspruchs der bürgerlichen Ehe: sie ist auf individuelle Liebe basiert, mit ihr entsteht historisch die individuelle Liebe – ihr ökonomisch-soziales Dasein steht aber in unlösbarem Widerspruch zur individuellen Liebe.
Die sozialen Pointen dieser Liebestragödie unterstreicht Goethe ebenso deutlich wie diskret. Nach einem Zusammenstoß mit der feudalen Gesellschaft der Gesandtschaft fährt Werther ins Freie und liest jenes Kapitel der Odyssee, in welchem der heimkehrende Odysseus sich mit dem Schweine-

hirten menschlich und kameradschaftlich unterhält. Und in der Nacht des Selbstmordes ist das letzte Buch, das Werther liest, der bisherige Gipfelpunkt der revolutionären bürgerlichen Literatur, die ›Emilia Galotti‹ Lessings.«

(Georg Lukács: Werke. Bd. 7 Deutsche Literatur in zwei Jahrhunderten. Neuwied u. Berlin: Luchterhand 1964. S. 57–66)

Der protestierende Mensch mit revolutionärer Gesinnung wird, wenn man es genau nimmt, erst durch Agitation zum wirklichen Revolutionär. Lukács läßt die Frage offen, ob Werther aus menschlicher Rücksicht gegenüber Lotte scheitert oder an »falschem« Respekt vor der bürgerlichen Institution der Ehe. (Etwa so wie in Tankred Dorsts »Toller« [1968] die Revolution an der Bürgerlichkeit der Revolutionäre scheitert.)

Herbert Schöffler deutet Werther auf dem Hintergrund säkularisierten Glaubens und findet im »Werther« ein erstes Beispiel moderner innerer Tragik:

»Werther stirbt, weil Lotte ihm versagt bleibt. Die Geschlechterliebe ist der absolute Wert in diesem Kunstwerk, und kann dieser Wert nicht erlangt werden, so wird das Leben wert-los. Ein wertloses Leben aber darf weggeworfen werden. Werther kann nicht mehr wie Emilia Galotti sagen: ›Nichts Schlimmeres zu vermeiden, sprangen Tausende in die Fluten, und sind Heilige! –‹ Sie geht um ihres Wertes, der Reinheit, willen in den Tod, und dieses Sterben steht noch unter dem Zeichen der alten Idee von Gott und seinen Satzungen. Werther aber stirbt nicht um jenseitigen Wertes willen. An den Ort des ehedem absoluten Wertes, der Gottesidee, ist ein anderer, die Geschlechterliebe, getreten. Eine Fülle von Stellen lassen keinen Zweifel, daß das Kunstwerk so verstanden sein will: ›Erinnerst du dich der Blumen, die du mir schicktest ...? O ich habe die halbe Nacht davor gekniet, und sie versiegelten mir deine Liebe. Aber ach! Diese Eindrücke gingen vorüber, wie das Gefühl der Gnade seines Gottes allmählich wieder aus der Seele des Gläubigen weicht, die ihm mit ganzer Himmelsfülle in heiligen sichtbaren Zeichen gereicht ward.‹ – Christus erhält den Kelch des Leidens von Gott: ›Soll ich den Kelch nicht trinken, den

mir mein Vater gegeben hat?‹ Werther erhält den Kelch von Lotte: ›Du reichtest mir ihn, und ich zage nicht!‹ Das alte Evangelium ist die Urform eines Leidens und Sterbens um jenseitigen Wertes willen, die ›Leiden des jungen Werther‹ sind der Erzfall eines Leidens und Sterbens, in dem jenseitiger Wert diesseitigem gewichen ist. Die Evangeliumstöne im Leiden und Sterben Werthers, durch die sich die Darstellung anschließt an alte Formen, dürfen genommen werden als Ausdruck für das Bewußtsein, daß dies Leiden an diesseitigem Werte, dieses Zugrundegehen an der Liebe ebenso wichtig sei, ebenso bedeutsam genommen werden solle wie jener abertausendmal erzählte Erzfall eines Leidens und Sterbens um jenseitigen Wertes willen. [. . .]
Die ›Leiden des jungen Werther‹ sind in unserer neuzeitlichen Geistesgeschichte der Urfall eines Leidens und Sterbens, in dem diesseitiger Wert entscheidet; die ›Leiden des jungen Werther‹ sind der erste deutsche Leidensbericht mit pantheisierender Gottesidee; sie sind somit die erste nichtdualistische Tragödie unserer Geistesentwicklung. Zum ersten Male wird Geschehen gezeichnet, das vernichtet und doch ohne Gegenspieler waltet – die erste Tragödie ohne Schuld, ohne Prinzip des Bösen. Kein Schurke fällt den Helden. Eine neue, viel tiefere Tragik ist erreicht, die Tragik einer ganz neuen Zeit. [. . .] Werther geht zugrunde an den besten Kräften seines Wesens, an allem, was gut ist in ihm, daran, daß er liebevoll und treu ist, daß er die Gesetze der Kirche und der Gesellschaft hält, daß die Ehe anderer ihm heilig ist.
Als einziger Schuldiger in diesem aus *einer* Kraft gestalteten Drama bleibt eben diese blind waltende eine Kraft, die den Menschen durch sein Bestes schuldig werden läßt, um ihn dann der Pein zu überlassen.«

(Die Leiden des jungen Werther. In: Deutscher Geist im 18. Jahrhundert. Essays zur Geistes- und Religionsgeschichte. Göttingen: Vandenhoeck & Ruprecht ²1967. S. 175 f. u. 180 f.)

Wenn man zustimmt, daß Werther sich fast ganz vom hergebrachten Verständnis der christlichen Lehre freigemacht hat, wird man sich über Werthers willkürliche Umdeutung und Einordnung des Freitods in seine Weltanschauung kaum mehr wundern. Von welcher Bedeutung die Möglichkeit des

Selbstmordes für den unabhängigen Denker sein kann, mögen die Ausführungen von Albert C a m u s über das Absurde und den Selbstmord bezeugen:

»Es gibt nur ein wirklich ernstes philosophisches Problem: den Selbstmord. Die Entscheidung, ob das Leben sich lohne oder nicht, beantwortet die Grundfrage der Philosophie. Alles andere – ob die Welt drei Dimensionen und der Geist neun oder zwölf Kategorien habe – kommt erst später. Das sind Spielereien; zunächst heißt es Antwort geben. Und wenn es wahr ist, daß – nach Nietzsche – ein Philosoph, der ernst genommen werden will, mit gutem Beispiel vorangehen müsse, dann begreift man die Wichtigkeit dieser Antwort, da ihr dann die endgültige Tat folgen muß. Für das Herz sind das unmittelbare Gewißheiten, man muß sie aber gründlich untersuchen, um sie dem Geiste deutlich zu machen.
Wenn ich mich frage, weswegen diese Frage dringlicher als irgendeine andere ist, dann antworte ich: der Handlungen wegen, zu denen sie verpflichtet. Ich kenne niemanden, der für den ontologischen Beweis gestorben wäre. Galilei, der eine schwerwiegende wissenschaftliche Wahrheit besaß, leugnete sie mit der größten Leichtigkeit ab, als sie sein Leben gefährdete. In gewissem Sinne tat er recht daran*. Diese Wahrheit war den Scheiterhaufen nicht wert. Ob die Erde sich um die Sonne dreht oder die Sonne um die Erde – das ist im Grunde gleichgültig. Um es genau zu sagen: das ist eine nichtige Frage. Dagegen sehe ich viele Leute sterben, weil sie das Leben nicht für lebenswert halten. Andere wieder lassen sich paradoxerweise für die Ideen oder Illusionen umbringen, die ihnen einen Grund zum Leben bedeuten (was man einen Grund zum Leben nennt, das ist gleichzeitig ein ausgezeichneter Grund zum Sterben). Also schließe ich, daß die Frage nach dem Sinn des Lebens die dringlichste aller Fragen ist. Wie sie beantworten? Über alle wesentlichen Probleme (darunter verstehe ich Probleme, die möglicherweise das Leben kosten, oder solche, die den Lebenswillen steigern) gibt es wahrscheinlich nur zwei Denkweisen: die von La Palisse** und die von *Don Quijote*. Nur das Gleich-

* Vom relativen Wert der Wahrheit aus gesehen. Freilich – vom Standpunkt einer männlichen Haltung aus kann man die Schwächlichkeit dieses Gelehrten belächeln.

** Ein französischer Hauptmann, der 1525 in der Schlacht bei Pavia fiel

gewicht von Evidenz und Schwärmerei kann uns gleichzeitig Erregung und Klarheit verschaffen. Bei einem so bescheidenen und zugleich derart mit Pathos belasteten Thema sollte also an die Stelle der gelehrten, klassischen Dialektik eine bescheidenere Geisteshaltung treten, die ebenso vom gesunden Menschenverstand wie vom Mitgefühl ausgeht.

Man hat den Selbstmord immer nur als soziales Phänomen dargestellt. Hier dagegen geht es darum, zunächst nach der Beziehung zwischen individuellem Denken und Selbstmord zu fragen. Eine solche Tat bereitet sich in der Stille des Herzens mit demselben Anspruch vor wie ein bedeutendes Werk. Der Mensch selber weiß nichts davon. Eines Abends schießt er oder geht ins Wasser. Von einem Immobilienhändler, der sich umgebracht hatte, erzählte man mir einmal, er habe vor fünf Jahren seine Tochter verloren und habe sich seitdem sehr verändert, die Geschichte ›habe ihn untergraben‹. Einen treffenderen Ausdruck kann man sich nicht wünschen. Wenn man zu denken anfängt, beginnt man untergraben zu werden. Die Gesellschaft hat mit diesen Anfängen nicht viel zu tun. Der Wurm sitzt im Herzen des Menschen. Dort muß er auch gesucht werden. Diesem tödlichen Spiel, das von der Erhellung der Existenz zur Flucht aus dem Leben führt, muß man nachgehen, und man muß es begreifen.

Ein Selbstmord kann vielerlei Ursachen haben, und im allgemeinen sind die sichtbarsten nicht eben die wirksamsten gewesen. Ein Selbstmord wird selten aus Überlegung begangen (obwohl diese Hypothese nicht ausgeschlossen ist). Meist löst etwas Unkontrollierbares die Krise aus. Die Zeitungen sprechen dann oft von ›heimlichem Kummer‹ oder von ›unheilbarer Krankheit‹. Diese Erklärungen haben ihre Geltung. Man müßte aber wissen, ob nicht am selben Tage ein Freund mit dem Verzweifelten in einem gleichgültigen Ton gesprochen hat. Das ist der Schuldige. Dergleichen kann nämlich genügen, um allen Ekel und allen latenten Überdruß auszulösen*.

und zu dessen Ehren seine Soldaten ein berühmtes Lied dichteten; darin heißt es: ›Ein Viertelstund vor seinem Tod / Da war er noch am Leben.‹ Anm. d. Ü.

* Bei dieser Gelegenheit sei auf den relativen Charakter dieses Versuchs hingewiesen. Der Selbstmord kann tatsächlich auch auf viel ehrenwertere Beweggründe zurückgehen. Beispiel: die politischen, als Protest gemeinten Selbstmorde während der chinesischen Revolution.

Wenn es jedoch schwierig ist, den genauen Zeitpunkt, den winzigen Schritt anzugeben, mit dem der Geist sich für den Tod entschieden hat, so ist es leichter, aus der Tat an sich ihre Voraussetzungen zu erschließen. Sich in bestimmter Absicht, wie im Melodrama, umbringen heißt: ein Geständnis ablegen. Es heißt gestehen, daß man vom Leben überwältigt wird oder das Leben nicht begreift. Wir wollen aber in diesen Analogien nicht zu weit gehen und zur alltäglichen Ausdrucksweise zurückkehren. Es handelt sich einfach um das Geständnis, daß es ›nicht lohnt‹. Leben ist naturgemäß niemals leicht. Aus vielerlei Gründen, vor allem aus Gewohnheit, tut man fortgesetzt Dinge, die das Dasein verlangt. Freiwilliges Sterben hat zur Voraussetzung, daß man wenigstens instinktiv das Lächerliche dieser Gewohnheit erkannt hat, das Fehlen jedes tieferen Grundes zum Leben, die Sinnlosigkeit dieser täglichen Betätigung, die Nutzlosigkeit des Leidens.

Was für ein unberechenbares Gefühl raubt nun dem Geist den lebensnotwendigen Schlaf? Eine Welt, die sich – wenn auch mit schlechten Gründen – deuten und rechtfertigen läßt, ist immer noch eine vertraute Welt. Aber in einem Universum, das plötzlich der Illusionen und des Lichts beraubt ist, fühlt der Mensch sich fremd. Aus diesem Verstoßen-sein gibt es für ihn kein Entrinnen, weil er der Erinnerungen an eine verlorene Heimat oder der Hoffnung auf ein gelobtes Land beraubt ist. Dieser Zwiespalt zwischen dem Menschen und seinem Leben, zwischen dem Schauspieler und seinem Hintergrund ist eigentlich das Gefühl der Absurdität. Da alle normalen Menschen an Selbstmord gedacht haben, wird es ohne weiteres klar, daß zwischen diesem Gefühl und der Sehnsucht nach dem Nichts eine direkte Beziehung besteht. [...]

Außerhalb eines menschlichen Geistes kann es nichts Absurdes geben. So endet das Absurde wie alle Dinge mit dem Tode. Es kann aber auch außerhalb dieser Welt nichts Absurdes geben. Und aus diesem grundlegenden Kriterium schließe ich, daß der Begriff des Absurden etwas Wesentliches ist und als meine erste Wahrheit gelten kann. So lautet die oben erwähnte methodische Regel. Wenn ich etwas als wahr erkenne, muß ich daran festhalten. Wenn ich ein Problem lösen will, dann darf ich zumindest durch diese Lösung nicht einen Bestandteil dieses Problems verschwinden lassen. Das einzig Gegebene ist für mich das Absurde. Das Problem ist: zu wissen, wie man da herauskommt und ob aus diesem Absurden der Selbstmord zu folgern ist. Die erste und im Grunde einzige Voraussetzung für meine Untersuchungen ist, gerade das, was mich vernichtet, festzuhalten und infolgedessen das, was ich darin für wesentlich halte, zu respektieren. Ich habe es als eine Gegenüberstellung und als einen pausenlosen Kampf definiert.«

(Albert Camus: Der Mythos von Sisyphos. Ein Versuch über das Absurde. Düsseldorf: Karl Rauch Verlag 1960. S. 13 ff. u. 45)

VII. Literaturhinweise

1. Ausgaben

Die Leiden des jungen Werthers. Erster/Zweyter Theil. Leipzig, in der Weygandschen Buchhandlung, 1774. – Faksimiledruck dieser Ausgabe mit Beiheft von Walther Migge: Frankfurt am Main: Insel 1967. (Beiheft zitiert als: Migge.)

Goethe's Schriften. Erster bis Achter Band. Leipzig, bey Georg Joachim Göschen, 1787–90. 1. Verzeichnis der Subscribenten, Zueignung, Werther. 1787. [Erstausgabe der Zweitfassung.]

Die Leiden des jungen Werther. Neue Ausgabe, von dem Dichter selbst eingeleitet. Leipzig: Weygandsche Buchhandlung 1825.

Der junge Goethe. Neu bearbeitete Ausgabe in fünf Bänden. Hrsg. von Hanna Fischer-Lamberg. Bd. 4: Januar–Dezember 1774. Berlin 1968. S. 104–187 u. S. 349–363. [Erstfassung.]

Goethes Werke. Hrsg. von Erich Trunz. Bd. 6, Hamburg 1951. [Zweitfassung. Zitiert als: Hamburger Ausgabe.]

Goethe: *Die Leiden des jungen Werther. Text. 1. und 2. Fassung.* Hrsg. von Erna Merker. Berlin 1954 (= *Werke Goethes.* Hrsg. von der Deutschen Akademie der Wissenschaften zu Berlin).

Johann Wolfgang Goethe: *Die Leiden des jungen Werthers.* Mit einem Nachwort von Ernst Beutler. Stuttgart 1967 (= Reclams Universal-Bibliothek Nr. 67/67a). [Zweitfassung. Auf diesen Text beziehen sich die Stellenangaben des vorliegenden Kommentars.]

Über weitere Textausgaben siehe: *Werke Goethes.* Hrsg. von der Deutschen Akademie der Wissenschaften zu Berlin unter der Leitung von Ernst Grumach. Ergänzungsband 1: Die Gesamt- und Einzeldrucke von Goethes Werken. Bearbeitet von Waltraud Hagen. Berlin 1956.

2. Zu den Fassungen

Martin Lauterbach: *Das Verhältnis der zweiten zur ersten Ausgabe von Werthers Leiden.* Straßburg 1910 (= Quellen u. Forschungen zur Sprach- u. Culturgeschichte der germanischen Völker, 110. Heft). [Der erste Teil enthält eine nach grammatischen Gesichtspunkten geordnete Dokumentation der Lesarten, der zweite Teil befaßt sich mit der Umformung des Inhalts.]

Gottfried Fittbogen: *Die Charaktere in den beiden Fassungen von Werthers Leiden.* In: Euphorion 17 (1910) S. 556–582.

Gertrud Rieß: *Die beiden Fassungen von Goethes Die Leiden des jungen Werthers. Eine stilpsychologische Untersuchung.* Breslau 1924. [Für die inhaltliche Umarbeitung ergiebiger als Lauterbach.]

Hans Georg Heun: *Der Satzbau in der Prosa des jungen Goethe.* Leipzig 1930 (= Palaestra 172. New York [Johnson Reprint Corporation] 1967). Darin: II. Kapitel. C. Änderungen des Satzbaus bei der Überarbeitung von »Werthers Leiden«. §§ 27–32 (S. 104–119).

3. Quellen

Goethe und Werther. Briefe Goethe's, meistens aus seiner Jugendzeit, mit erläuternden Documenten. Hrsg. von A[ugust] Kestner, Königl. Hannov. Legationsrath, Minister-Resident bei dem Päpstl. Stuhle in Rom. Stuttgart u. Tübingen: J. G. Cotta'scher Verlag 1854. [Goethes Briefwechsel mit Christian Kestner und Charlotte Buff. Zitiert als: Kestner.]

Karl Wilhelm Jerusalem: *Philosophische Aufsätze* (1776). Mit G. E. Lessings Vorrede und Zusätzen. Neu hrsg. von Paul Beer. Berlin 1900 (= Deutsche Litteraturdenkmale des 18. u. 19. Jahrhunderts. Nr. 89/90. Neue Folge Nr. 39/40).

Elf Briefe von Jerusalem [1767–1772, an Eschenburg]. Hrsg. von O. v. H[einemann]. In: Im neuen Reich. 1874, Nr. 25. S. 970 ff. [Besonders die Briefe vom 26. November 1771 u. vom 18. Juli 1772 aus »Seccopolis« (= Wetzlar).]

Eugen Wolff: *Neue Briefe von und über Jerusalem-Werther.* In: Vierteljahrschrift für Litteraturgeschichte 2 (1889) S. 532–545.

The Poems of Ossian. Translated by James Macpherson. Vol. II, Leipsic 1840 (The songs of Selma: S. 198–209; Berrathon: S. 153).

4. Entstehung

Johann Wolfgang Goethe: *Aus meinem Leben. Dichtung und Wahrheit.* III. Teil, 12. u. 13. Buch.

Karl Maurer: *Die verschleierten Konfessionen. Zur Entstehungsgeschichte von Goethes Werther* (Dichtung und Wahrheit, 12. u. 13. Buch). In: Die Wissenschaft von deutscher Sprache und Dichtung. Methoden, Probleme, Aufgaben (= Festschrift für Friedrich Maurer zum 65. Geburtstag. Hrsg. von Siegfried Gutenbrunner, Hugo Moser, Walther Rehm, Heinz Rupp). Stuttgart 1963. S. 424–437.

Hans Gerhard Gräf: *Goethe über seine Dichtungen. Versuch einer Sammlung aller Äußerungen des Dichters über seine poetischen Werke.* Erster Teil: Die epischen Dichtungen. Zweiter Band. Frankfurt a. M. 1902. S. 493–695. [Unter den chronologisch geordneten Zeugnissen finden sich auch die wichtigsten Stellen aus Goethes Briefwechsel mit Kestner sowie die einschlägigen Partien aus »Dichtung und Wahrheit«;

im Anhang Register der epischen Dichtungen, der Personen und Orte.] (Zitiert als: Gräf.)

Heinrich Düntzer: *Zu Goethe's Jubelfeier. Studien zu Goethe's Werken.* Elberfeld u. Iserlohn 1849 (Goethe's »Lotte« und »die Leiden des jungen Werther's«. Nebst einer Uebersicht der Werther-Literatur: S. 89–209).

Erich Schmidt: *Richardson, Rousseau und Goethe. Ein Beitrag zur Geschichte des Romans im 18. Jahrhundert.* Jena 1875. [Besonders der Vergleich zwischen Rousseau u. Goethe S. 126–243.]

Wilhelm Herbst: *Goethe in Wetzlar. 1772. Vier Monate aus des Dichters Jugendleben.* Gotha 1881.

Walther Arnsperger: *Die Entstehung von »Werthers Leiden«.* In: Neue Heidelberger Jahrbücher 10 (1900) S. 195–217.

Ernst Feise: *Zu Entstehung, Problem und Technik von Goethes »Werther«.* In: Journal of English and Germanic Philology 13 (1914) S. 1–36.

Ernst Beutler: *Wertherfragen. 1. Das ertrunkene Mädchen. 2. Religiöse Hintergründe. 3. Frankfurter Szenerie.* In: Goethe. Neue Folge des Jahrbuchs der Goethe-Gesellschaft 5 (1940) S. 138–160. [Der 1. Abschnitt wurde wieder abgedruckt in: E. B.: Essays um Goethe (Bd. 1). Leipzig 1941 (= Sammlung Dieterich 101). S. 124–134.]

Wolfgang Kayser: *Die Entstehung von Goethes »Werther«.* In: Deutsche Vierteljahrsschrift. Bd. 19 (1941) H. 4, S. 430–457. Wiederabdruck in: W. K.: Kunst und Spiel. Fünf Goethe-Studien. Göttingen 1961. S. 5–29 (= Kleine Vandenhoeck-Reihe Nr. 128/129). [Schon eine Deutung des Romans aus den geistigen Gründen seiner Entstehung.]

Richard Friedenthal: *Goethe, sein Leben und seine Zeit.* München 1963. S. 116–164.

Bernhard Seuffert: *Skizze der Textgeschichte von Goethes Werther.* In: Goethe-Jahrbuch 21 (1900) S. 246–251.

5. *Wirkung*

Die Leiden des jungen Werthers. Goethes Roman im Spiegel seiner Zeit. Eine Ausstellung des Goethe-Museums Düsseldorf. Anton-und-Katharina-Kippenberg-Stiftung in Verbindung mit der Stadt Wetzlar. Katalog. Christina Kröll und Hartmut Schmidt in Zusammenarbeit mit Irmgard Kräupl und Ruth Pink hrsg. von Jörn Göres. Düsseldorf 1972. [Ausgewählte Textzeugnisse, Abbildungen, Handschriftenproben und ausgezeichnete Kommentare zu 334 Exponaten.]

Goethe im Urtheile seiner Zeitgenossen. Zeitungskritiken, Berichte, Notizen, Goethe und seine Werke betreffend, aus den Jahren 1773–1786. Gesammelt u. hrsg. von Julius W. Braun. Berlin 1883 (= Schiller und

Goethe im Urteil ihrer Zeitgenossen. Hrsg. von J. W. Braun. 2. Abteilung). [Bd. 2 u. Bd. 3 bringen nur wenige Nachträge aus den Jahren 1787–1812.] (Zitiert als: Braun.)

Zeitgenössische Rezensionen und Urteile über Goethes »Götz« und »Werther«. Hrsg. von Hermann Blumenthal. Berlin 1935 (= Literaturhistorische Bibliothek, Bd. 14, S. 41–128). [Enthält die wichtigsten Zeugnisse aus der umfassenderen Sammlung von W. Braun; darüber hinaus Nicolais »Freuden des jungen Werthers« und die »Briefe über die Moralität der Leiden des jungen Werthers« von Lenz.]

Gunter H. Hertling: *Die Werther-Kritik im Meinungsstreit der Spätaufklärer.* In: The German Quarterly. Bd. 36, Nr. 4. November 1963. S. 403–413.

Alfred Nollau: *Das literarische Publikum des jungen Goethe von 1770 bis zur Übersiedlung nach Weimar.* Weimar 1935 (= Literatur und Leben. Lebensformen. Menschengestaltung. Soziologie des Schrifttums. Eine Sammlung literaturwissenschaftlicher Arbeiten. 5. Bd.).

Wilhelm Bode: *Goethe in vertraulichen Briefen seiner Zeitgenossen. Auch eine Lebensgeschichte.* Berlin 1918 f. Bd. 1: Im alten Reiche 1749 bis 1803; Bd. 2: Die Zeit Napoleons 1803–1816; Bd. 3: Das Alter 1816 bis 1832.

Johann Wolfgang Goethe: *Briefe an Auguste Gräfin zu Stolberg.* Hrsg. von Jürgen Behrens. Bad Homburg v. d. H., Berlin u. Zürich 1968.

Jakob Mich[ael] Reinh[old] Lenz: *Briefe über die Moralität der Leiden des jungen Werthers.* Eine verloren geglaubte Schrift der Sturm- und Drangperiode. Aufgefunden u. hrsg. von L. Schmitz-Kallenberg. Münster i. W. 1918.

Johann Wilhelm Appel: *Werther und seine Zeit.* Leipzig 1855.

Klaus R. Scherpe: *Werther und Wertherwirkung. Zum Syndrom bürgerlicher Gesellschaftsordnung im 18. Jahrhundert.* Anhang: Vier Wertherschriften aus dem Jahre 1775 in Faksimile. Bad Homburg 1970.

Karl Hillebrand: *Die Werther-Krankheit in Europa.* In: K. H.: Culturgeschichtliches. Aus dem Nachlasse. Hrsg. von Jessie Hillebrand. Berlin 1885 (= K. H.: Zeiten, Völker und Menschen. Bd. 7. S. 102–142). [Zeitgeschichtliche Deutung der bekanntesten Wertheriaden.]

Georg Zimmermann: *Werther's Leiden und der literarische Kampf um sie.* In: Archiv für das Studium der Neueren Sprachen und Literaturen 45 (1869) S. 241–298.

Georg Wustmann: *Verbotene Bücher. Aus den Censurakten der Leipziger Bücherkommission.* In: Grenzboten 6 (1882) S. 264–285. [S. 280–283 zum Verbot des Werthers in Leipzig.]

Ingeborg Bickelmann: *Goethes »Werther« im Urteil des 19. Jahrhunderts* (Romantik bis Naturalismus 1830–1880). Gelnhausen 1937. [Formal vorbildliche Frankfurter Diss. von 1934, die auf 68 Seiten knappen Einblick in den Wandel der literaturwissenschaftlichen Betrachtung gibt.]

Fritz Adolf Hünich: *Die deutschen Werther-Gedichte.* In: Jahrbuch der

Sammlung Kippenberg. 1. Bd. Leipzig 1921. S. 181–254. [Mit Nachträgen in Bd. 5, 1925, S. 299–301 u. Bd. 7, 1927/28, S. 316–318.]

Fritz Adolf Hünich: *Aus der Wertherzeit.* In: Jahrbuch der Sammlung Kippenberg. 4. Bd. Leipzig 1924. S. 249–281. [Briefe und Hinweise auf epische und dramatische Wertheriaden.]

Wertherschriften. Hrsg. von Fritz Adolf Hünich. Leipzig 1924. – Faksimiles von: [K. W. Freiherr von Breidenbach] *Berichtigung der Geschichte . . .,* 2. Aufl. 1775; [C. E. von Reitzenstein] *Lotte bey Werthers Grab,* 1775 [H. G. von Bretschneider] *Eine entsetzliche Mordgeschichte . . .,* 1776; [H. J. Merck?] *Eine trostreiche und wunderbare Historia, betitult: Die Leiden und Freuden Werthers . . .;* [H. J. Merck] *Paetus und Arria,* 1775; *Schwacher jedoch wohlgemeynter Tritt vor dem Riß,* 1775; [A. Henselt] *Afterwerther,* 1784; [P. W. Heusler] *Lorenz Konau,* 1776.

Stuart Pratt Atkins: *The Testament Of Werther In Poetry and Drama.* Cambridge (Mass.) 1949 (= Harvard Studies in Comparative Literature, XIX). [Mit vorbildlicher Bibliographie der Wertheriaden. Zitiert als: Atkins.]

Fritz Strich: *Goethe und die Weltliteratur.* Bern 1946. S. 179–193.

Goethes ›Werther‹ als Modell für kritisches Lesen. Materialien zur Rezeptionsgeschichte. Zusammengestellt und eingeleitet von Karl Hotz. Stuttgart 1974.

Aleksandar Flaker: *Modelle der Jeans Prosa.* Zur literarischen Opposition bei Plenzdorf im osteuropäischen Romankontext. Kronberg (Ts.) 1975.

Weitere Literatur zur Wirkungsgeschichte bei H. Pyritz: *Goethe-Bibliographie.* Heidelberg 1965. S. 743–747.

6. Deutung

Christian Friedrich von Blankenburg: *Die Leiden des jungen Werthers.* In: Neue Bibliothek der schönen Wissenschaften und der freien Künste. Leipzig 1775. Bd. 18. 1. Stück, S. 46–95. [Wiederabdruck in den Sammlungen von W. Braun u. H. Blumenthal. – Interpretierende Rezension in Verteidigung gegen die zeitgenössischen Angriffe auf den Roman.]

Heinrich Düntzer: *Goethes Leiden des jungen Werthers.* Jena 1855 (= Erläuterungen zu den deutschen Klassikern).

Friedrich Gundolf: *Goethe.* Berlin 1916. S. 162–184.

Hans Gose: *Goethes »Werther«.* Halle 1921 (= Bausteine zur Geschichte der deutschen Literatur 18).

H[ermann] A[ugust] Korff: *Geist der Goethezeit. Versuch einer ideellen Entwicklung der klassisch-romantischen Literaturgeschichte.* I. Teil: Sturm und Drang. Leipzig 1923. S. 297–307.

Hermann Blumenthal: *Ein neues Wertherbild?* In: Goethe. Neue Folge des Jahrbuchs der Goethe-Gesellschaft 5 (1940) S. 315–320.

Thomas Mann: *Goethes Werther.* In: Corona. Studies in celebration of the eightieth birthday of Samuel Singer ... Ed. by Arno Schirokauer and Wolfgang Paulsen. Durham (North Carolina) 1941 (Duke University publications). S. 186–201. Letzter Wiederabdruck in: Th. M.: Gesammelte Werke in zwölf Bänden. Bd. 9. [Frankfurt a. M.] 1960. S. 640–655. [Vor dem eingehenden Quellenstudium zu »Lotte in Weimar« geschrieben.]

Gerhard Fricke: *Goethe und Werther.* In: Goethe on human creativeness and other Goethe essays. Ed. by Rolf King. Athens (Georgia) 1951. S. 29–75. Wiederabdruck in: G. F.: Studien und Interpretationen. Ausgewählte Schriften zur deutschen Dichtung. Frankfurt a. M. 1956. S. 141–167.

Emil Staiger: *Goethe.* Bd. 1. 1749–1786. Zürich u. Freiburg 1952. S. 147 bis 173.

Hans-Egon Hass: *Werther-Studie.* In: Gestaltprobleme der Dichtung. Hrsg. von Richard Alewyn, Hans-Egon Hass u. Clemens Heselhaus (Günther Müller zu seinem 65. Geburtstag). Bonn 1957. S. 83–125.

Gerhard Storz: *Der Roman »Die Leiden des jungen Werthers«.* In: Goethe-Vigilien oder Versuche in der Kunst, Dichtung zu verstehen. Stuttgart 1953. S. 19–41. [Bewußt immanente, textnahe Interpretation. – Storz im selben Band S. 42–60: Zwei Beispiele des Tagebuch-Romans. Goethe: Die Leiden des jungen Werthers. Bernanos: Tagebuch eines Landpfarrers.]

Dieter Kimpel: *Entstehung und Form des Briefromans in Deutschland. Interpretationen zur Geschichte einer epischen Gattung des 18. Jahrhunderts und zur Entstehung des modernen deutschen Romans.* Diss. Wien 1962. [Masch. – Darin: Goethes Werther-Roman als persönlichkeitsbildender Dialog des jungen Dichters mit dem eigenen Ich. S. 153 bis 186.]

Ernst Theodor Voss: *Erzählprobleme des Briefromans, dargestellt an vier Beispielen des 18. Jahrhunderts* (La Roche, Goethe, Hermes, Wieland). Diss. Bonn 1958.

Anneliese Bach: *Über Goethes Werther. Eine Studie zum Aufbau der Dichtung.* In: Dem Tüchtigen ist diese Welt nicht stumm. Jena 1949. S. 51–63.

Victor Lange: *Die Sprache als Erzählform in Goethes Werther.* In: Formenwandel. Festschrift zum 65. Geburtstag von Paul Böckmann. Hrsg. von Walter Müller-Seidel u. Wolfgang Preisendanz. Hamburg 1964. S. 261–272.

Fritz Brüggemann: *Die Ironie als entwicklungsgeschichtliches Moment. Ein Beitrag zur Vorgeschichte der deutschen Romantik.* Jena 1909. [Darin: Werthers Leiden, eine Analyse. S. 39–56.]

Herbert Schöffler: *Die Leiden des jungen Werther. Ihr geistesgeschicht-*

licher Hintergrund. In: Wissenschaft und Gegenwart. Nr. 12. Frankfurt a. M. 1938. Wiederabdruck in: H. S.: Deutscher Geist im 18. Jahrhundert. Essays zur Geistes- und Religionsgeschichte. Göttingen [2]1967. S. 155–181. [Werthers Weltanschauung und ihre geschichtliche Bedingtheit.]

Christian Semler: *Die Weltanschauung Goethes in den Leiden des jungen Werther.* In: Zeitschrift für deutschen Unterricht 3 (1889) Ergänzungsheft. S. 56–65. Sonderabdruck: Dresden 1890.

Werner Schultz: *Goethes Werther-Erlebnis und der moderne Nihilismus.* In: Archiv für Kulturgeschichte 44 (1962) S. 227–251.

Johanna Graefe: *Die Religion in den »Leiden des jungen Werther«. Eine Untersuchung auf Grund des Wortbestandes. Goethe.* In: Neue Folge des Jahrbuchs der Goethe-Gesellschaft 20 (1958) S. 72–98.

Georg Lukács: *Die Leiden des jungen Werther* [1936]. In: G. L.: *Goethe und seine Zeit.* Bern 1947. S. 17–30. Wiederabdruck in: G. L.: Deutsche Literatur in zwei Jahrhunderten. Neuwied 1964 (= G. L.: Werke. Bd. 7. S. 53–68). [»Im Mittelpunkt des ›Werther‹ steht das große Problem des bürgerlich-revolutionären Humanismus.«]

Kurt Rothmann: *War Goethes Werther ein Revolutionär?* Auseinandersetzung mit Georg Lukács. In: The University of Dayton Review 9 (1972) S. 77–90.

Arnold Hirsch: *Die Leiden des jungen Werthers. Ein bürgerliches Schicksal im absolutistischen Staat.* In: Etudes Germaniques 13 (1958) S. 229 bis 250.

Ernst Feise: *Goethes Werther als nervöser Charakter.* In The Germanic Review 1 (1926) S. 185–253. Wiederabdruck in: E. F.: Xenion. Themes, forms, and ideas in German literature. Baltimore 1950. S. 1–65.

Heinz Otto Burger: *Die Geschichte der unvergnügten Seele. Ein Entwurf.* In: Deutsche Vierteljahrsschrift 34 (1960) S. 1–20.

Gustav Hans Graber: *Goethes Werther. Versuch einer tiefenpsychologischen Pathographie.* In: Acta psychotherapeutica, psychosomatica et orthopaedagogica 6 (1958) S. 120–136.

Melitta Gerhard: *Die Bauerburschen-Episode im Werther.* In: Zeitschrift für Ästhetik und allgemeine Kunstwissenschaft 11 (1916) S. 61–74.

Friedrich E. Prinz: *Werther und Wahlverwandtschaften. Eine morphologische Studie.* Diss. Bonn 1954 [hektographiert].

François Jost: *Littérature et suicide. De Werther à Madame Bovary.* In: Revue de Littérature comparée 42 (1968) S. 1–4.

Vytas Dukas and Richard H. Lawson: *Werther and Diary of a Superfluous Man.* In: Comparative Literature 21 (1968) 1. 2.

Pavel N. Berkov: *›Werther‹-Motive in Puškins ›Eugen Onegin‹.* In: P. N. B.: Literarische Wechselbeziehungen zwischen Rußland und Westeuropa im 18. Jahrhundert. Berlin 1968. S. 172–176 u. 268–269 (= Neue Beiträge zur Literaturwissenschaft Bd. 31).

7. Illustrationen

Heinrich Gloël: *Goethes Wetzlarer Zeit. Bilder aus der Reichskammergerichts- und Wertherstadt.* Berlin 1911.

Georg Witkowski: *Die deutschen Bücherillustrationen des XVIII. Jahrhunderts.* In: Zeitschrift für Bücherfreunde. Monatshefte für Bibliophilie und verwandte Interessen. Hrsg. von Fedor von Zobelitz. 1 (1897) H. 8, S. 401–414.

Georg Witkowski: *Chodowieckis Werther-Bilder.* In: Zeitschrift für Bücherfreunde. 2 (1888/89) H. 4, S. 153–162.

Die Wertherillustrationen des Johann David Schubert. Mit einer Einleitung von Wolfgang Pfeiffer. Schriften der Goethe-Gesellschaft. Im Auftrage des Vorstandes hrsg. von Julius Petersen u. Hans Wahl. 46. Bd. Weimar 1933. [11 Tafeln, 2 Vignetten.]

8. Handbücher

Hans Pyritz: *Goethe-Bibliographie.* Unter redaktioneller Mitarbeit von Paul Raabe, fortgeführt von Heinz Nicolai u. Gerhard Burkhardt unter redaktioneller Mitarbeit von Klaus Schröter. Heidelberg 1965. – Bd. 2: 1955–1964, Autorenregister zu Bd. 1 u. Bd. 2. Heidelberg 1968. [Rezensiert in: Germanistik 6 (1965) S. 106–108 u. Germanistik 10 (1969) S. 822.]

Goethe-Handbuch. Hrsg. von Julius Zeitler u. a. 3 Bde. Stuttgart 1916 bis 1918. [Alphabetisch geordnetes Reallexikon zu Goethes Leben und Umwelt, Werk und Weltbild, in monographischen Artikeln verschiedener Verfasser. – Neubearbeitung 1955 ff.]

Wörterbuch zu Goethes Werther von Erna Merker unter Mitarbeit von Johanna Graefe u. Fritz Merbach. Deutsche Akademie der Wissenschaften zu Berlin. Berlin 1958 ff. [Ein Vorausunternehmen zum neuen »Goethe-Wörterbuch« der Deutschen Akademie der Wissenschaften.]

Für die freundliche Genehmigung zum Abdruck von Zitaten und Auszügen aus urheberrechtlich geschützten Werken danken Herausgeber und Verlag den einzelnen Rechteinhabern. Die genauen Quellennachweise finden sich jeweils unter den Zitaten.

Inhalt

Johann Wolfgang Goethe

IN RECLAMS UNIVERSAL-BIBLIOTHEK

Campagne in Frankreich. Belagerung von Mainz. 5808 [3]

Clavigo. Trauerspiel. 96

Egmont. Trauerspiel. 75 – dazu *Erläuterungen und Dokumente.* 8126 [2]

Faust. Der Tragödie erster Teil. 1 [2]

Faust. Der Tragödie zweiter Teil. 2 [2]

Gedichte. Auswahl von Stefan Zweig. 6782 [3]

Die Geschwister. Schauspiel. – *Die Laune des Verliebten.* Schäferspiel. 108

Götz von Berlichingen. Schauspiel. 71 – dazu *Erläuterungen und Dokumente.* 8122 [2]

Hermann und Dorothea. Epos. 55 – dazu *Erläuterungen und Dokumente.* 8107 [2]

Iphigenie auf Tauris. Schauspiel. 83 – dazu *Erläuterungen und Dokumente.* 8101

Die Leiden des jungen Werthers. 67 [2] – dazu *Erläuterungen und Dokumente.* 8113 [2]

Die Mitschuldigen. Lustspiel. 100

Die natürliche Tochter. Trauerspiel. 114

Novelle. Das Märchen. 7621

Reineke Fuchs. Epos. 61 [2]

Satiren, Farcen und Hanswurstiaden. 8565 [3]

Schriften zur bildenden Kunst. 7710

Singspiele. 9725 [4]

Stella. Trauerspiel. 104

Torquato Tasso. Schauspiel. 88

Der Urfaust. 5273

Von deutscher Art und Kunst. Einige fliegende Blätter. Von Johann Gottfried Herder, Johann Wolfgang Goethe und Justus Möser. 7497 [3]

Die Wahlverwandtschaften. Roman. 7835 [3]

PHILIPP RECLAM JUN. STUTTGART